신분피라미드사회

신분피라미드사회

능력주의가 낳은 괴물

초판 1쇄 발행   2020년 11월 16일

지은이   하승우
편집   김영미
표지디자인   스튜디오 진진

펴낸곳   이상북스
펴낸이   송성호
출판등록   제313-2009-7호(2009년 1월 13일)
주소   10546 경기도 고양시 덕양구 향기로 30, 106-1004
전화번호   02-6082-2562
팩스   02-3144-2562
이메일   beditor@hanmail.net

ISBN 978-89-93690-76-7   (03330)

이 도서의 국립중앙도서관 출판예정도서목록(CIP)은 서지정보유통지원시스템 홈페이지
(http://seoji.nl.go.kr)와 국가자료공동목록시스템(http://www.nl.go.kr/kolisnet)에서
이용하실 수 있습니다. (CIP제어번호: CIP2020042157)

신분피라미드사회

하승우

능력주의가
낳은
괴물

이상
북스

들어가는 말
하나의 사회, 두 개의 나라

2018년 11월 23일에 방송을 시작한 드라마 〈스카이 캐슬〉은 한국의 교육이 '기회균등의 사다리'보다 '신분세습의 도구'임을 날카롭게 풍자했다. 자식을 명문 의대에 보내려는 부모들, 경쟁에 실제 목숨을 거는 학생들, 무기력하고 무능한 학교의 모습이 적나라하게 드러났다. 그리고 학생부종합전형(학종)과 내신을 관리해주는 입시 코디네이터가 등장해 학생의 실력보다 부모의 능력이 중요하다는 점을 다시금 일깨웠다. 드라마가 방영되기 몇 달 전 숙명여고 시험지 유출 사건이나 학교장 아들의 학력경시대회 특혜 의혹사건 등이 연이어 터지면서 드라마의 현실감이 더해졌다.

드라마 이후 한국 사회는 어찌 되었을까? 높은 시청률만큼 교육을 개혁하라는 여론이 강해져서 부조리한 현실이 개선되었을까? 〈한국일보〉는 2020년 1월 2일부터 "학벌의 탄생, 대치동 리포트"라는 기획기사로 대한민국 사교육 1번지의 실상을 점검했다. 그런데 드라마 이후에도 대치동을 중심으로 입시컨설팅 학원이 계속 늘어났고, 고액 컨설팅이나 족집게 과외, 사교육비 규모도 더 많이 늘었다. 드라마로 드러난 현실이 모순을 바로잡기는 커녕 우리만 뒤처지는 것 아닌가라는 불안감을 가중시키며 모순을 더욱 심화시켰다. 이것은 경쟁을 당연시하는 보수정권이 아니라 사람이 먼저라고 주장한 문재인 정부 하에서 벌어진 일이다.

신분피라미드, 불평등한, 너무 불평등한

진보, 보수와 상관없이 한국 사회의 엘리트들은 자식에게 신분을 세습하려는 욕망을 노골적으로 드러낸다. 2019년 9월 〈시사저널〉이 실시한 여론조사에 따르면, 10명 중 9명이 대한민국은 부와 지위가 대물림되는 세습사회라고 답했다. 세습이 심화되고 있다는 데 매우 동의하는 사람이 52.1%였고, 세습이 가장 심화된 분야는 재계(41.4%), 정계(27.7%), 법조계(12.3%), 학계(7.6%) 순으로 꼽았다. 이렇게 부모의 사회경제적 지위가 자식에게 대물림되는 사회, 타고난 조건이 미래의 지위를 결정하는 사회는 민주주의 사회라 불리기 어렵다. 《불평등의 세대》(문학과지성사, 2019)나 《세습 중산층 사회》(생각의힘, 2020) 같은 최근의 연구들이 인기를 끈 이유도 그 때문이라고 생각한다. 이 연구들은 소위

386세대라 불리는 운동권이 기존 기득권 집단과 마찬가지로 자산 이전과 교육을 통해 지위를 세습하고 있다고 비판했고, 점점 더 많은 사람들이 이런 주장에 동의하고 있다.

그런데 386세대는 왜 자신들이 부르짖던 민주주의와 대립되는 세습을 선택했을까? 단순히 운동권의 변질이나 중산층의 지위를 유지하려는 욕망만으로 이 문제를 충분히 설명하기는 어렵다. 왜 민주화 이후에도 불평등이 줄어들기는커녕 더 커지고 있을까? 커지는 불평등에 대응하는 방법은 정부 정책의 변화나 사회연대를 통해 그 틈을 좁히는 것인데, 한국은 반대로 각자 능력껏 살아남는 방향으로 가고 있다. 왜 그럴까?

국가와 시장을 바꾸겠다는 시민사회운동도 점점 더 신뢰를 잃고 있다. 그동안 시민사회운동은 부패한 권력과 자신을 차별화시키기 위해 지나치게 도덕성을 강조했고, 그러다보니 누구든 특정 조건에서 부패할 수도 있다는 사실을 인정하지 않았다. 지속적인 자기성찰과 자기반성이 없으면 사회운동도 위계질서와 가부장구조에서 자유로울 수 없고 기득권에 편입되기 쉬운 연고주의에 물들 수 있음을 인정하고 그런 부분을 바꿔나갔어야 했는데 그러지 않았다. 우리가 세상을 바꿔야 한다는 바람이 우리만이 세상을 바꿀 수 있다는 고집으로 변하는 건 어렵지 않다.

이런 상황이다보니 그냥 망해버려라, 이런 마음이 하루에도 몇 번씩 든다. 이미 희망이 사라진 사회야, 애쓰지 말자. 그렇지만 부조리와 부패를 눈앞에서 목격할 수밖에 없는 사회인지라

하루에도 몇 번씩 울컥 분노가 치솟는다. 이렇게 냉소와 분노 사이를 오가다보면 점점 더 자기 속으로만 파고든다. 나라도 잘 챙겨야지. 하지만 나를 아무리 챙겨도 사회의 불평등은 나를 비켜가지 않고 일상을 죄어온다.

우리는 지금 이런 딜레마에 빠져 있다. 뭘 해도 안 될 것 같고, 안 하면 아무것도 안 바뀔 것 같은. 이 책은 민주화 이후에도 기득권 구조가 무너지지 않은 원인을 살피려 한다. 기존의 기득권 구조가 만든 격차의 문제를 공간(수도권과 비수도권의 격차)과 시간(자율 없는 잉여)으로 분석한다. 그리고 민주화 이후에도 이런 격차가 해소되지 않으면서 신분피라미드로 고착되는 과정에 능력주의가 도사리고 있다고 본다. 능력에 맞게 대우를 받는다는 것이 합당한 이야기 같지만, 그 능력이 이미 결정된 것이거나 세습되는 것이라면 그것은 불합리하다. 문제는 이런 신분피라미드를 붕괴시켜야 할 시민사회운동도 그 영향에서 자유롭지 않다는 점이다.

구조화된 불평등, 강할수록 오래간다

1987년 민주화 이후 한국 사회는 많은 변화를 겪었다. 정치권력을 중심으로 본다면, 군사독재에서 문민정부로 이행했고 지방자치제도도 부활했다. 그런데 선출제도의 민주화는 이루어졌지만 중앙집권구조는 완화되지 않았고, 정치인의 교체는 이루어졌지만 더불어민주당과 국민의힘을 중심으로 한 보수적인 양당 체제는 변하지 않았다. 민주화 이후 1인 1표라는 공정성은 담보되었지만 1인의 절대권력을 뽑는 대통령제와 제왕적인 지방자치단체장 선거, 지역구에서 한 명만을 뽑는 국회의원 소선거구제와 거대 정당에 유리한 비례대표제도, 2인 선거구로 쪼개져서 제 몫을 못하는 지방의원 중·대선거구제도는 정치구조의 변화를 가로막았다. 어렵사리 2020년에 도입된 준연동형 비례대표제도마저도 기득권 정당들의 '위성정당'이라는 꼼수에 막혀 제 몫을 하지 못했다. 그런 점에서 정치의 민주화는 사람은 그대로 두고 옷만 갈아입은 셈이 되었다. 2004년 민주노동당의 원내진입으로 시작된 진보정당들의 제도정치 실험은 계속되고 있지만 정치구조는 거의 변동이 없었다.

한국 사회는 정의로운 권력을 경험할 기회를 놓쳐버리고 과정의 공정성에만 매달렸고, 그러면서 능력과 지위를 분리시킬 조건을 만들지 못했다. 지위가 곧 능력이, 능력이 곧 지위가 되는 사회에서는 민주주의가 실현되기 어렵다. 예를 들어, 한국에서 사법부는 능력주의를 따르는 대표적인 곳인데 사실상 세습 구조다. 〈법률신문〉 2019년 11월 7일 기사에 따르면, 2015년부터 2019년까지 5년 동안 임용된 법관 500명 중 서울대가 246명(49.2%)으로 가장 많고, 고려대 78명(15.6%), 연세대 51명(10.2%)으로, 소위 'SKY대학'이 전체의 75%를 차지한다. 그리고 이

SKY대학에 갈 수 있는 능력은 《세습 중산층 사회》에서 증명되듯이 상당 부분 부모의 능력에 좌우된다. 부모의 능력이 자식의 지위로 이어지는 사회가 어떻게 민주적인 나라인가.

더구나 한국에서는 한 영역의 지위가 다른 영역에도 영향을 미친다. 예를 들어 21대 총선에서 당선된 국회의원 300명 중 46명(15.3%)이 법조인 출신이다. 직업의 가짓수가 엄청나게 많음에도 특정 직업 출신이 15%를 넘는다. 이런 독점이 없다. 이들은 왜 공천을 받고 어떻게 국회의원으로 당선되었을까? 법조인이라는 지위는 특정 직업이 아니라 능력의 상징이기 때문이다. 부모의 지위가 자식의 능력이 되고, 또 그 능력이 다른 지위로 보장되는 사회, 이곳이 바로 한국이다.

경제권력을 놓고 봐도 민주화 이후에도 재벌 중심의 기형적 경제구조는 변화가 없었다. 외려 경제력의 집중은 더 심해졌다. 경제개혁연구소의 경제개혁리포트(2014-02) 〈재벌 및 대기업으로의 경제력 집중과 동태적 변화 분석(1987-2012)〉에 따르면, 자산총액을 기준으로 상위 200개 대기업의 자산은 1987년 국민총생산(GDP)의 74.44%에서 2012년 122.21%로 증가했고, 상위 50개 대기업의 자산은 1987년 국민총생산의 52.17%에서 2012년 84.44%로 증가했다. 덩치가 클수록 더 많은 자산을 확보한 셈이다. 통계청이 공개한 보고서 〈2017년 기준 영리법인 기업체 행정통계 잠정 결과〉를 보면, 법인세를 내는 전체 영리법인의 영업이익 가운데 대기업이 차지하는 비중은 2016년 55.7%에서

2017년 61.0%로 더 높아졌다. 그런데 대기업의 수는 전체 기업의 0.3% 수준으로 큰 변화가 없었다. 결국 기존의 대기업으로 경제력이 집중된 것으로 볼 수밖에 없다. 이들 대기업의 매출액이 전체의 48.0%를 차지했다. 재벌개혁이나 경제민주화에 대한 요구는 계속 있었지만 경제권력의 집중은 강화된 셈이다.

경제권력은 단지 재벌 중심의 경제구조만을 뜻하지 않는다. 수도권은 중심지, 비수도권은 주변지역이 되어 교육과 복지, 일자리, 문화생활 모든 면에서 격차가 심화되었다. 자산 격차에서 부동산이 차지하는 비중도 점점 더 높아졌다. 통계청과 한국은행, 금융감독원이 함께 발표하는 〈2019 가계금융복지조사 결과〉에 따르면, 수도권의 가구당 순자산액은 2012년 3억 3432만 원에서 2019년 4억 2694만 원으로, 비수도권의 가구당 순자산액은 2012년 2억 925만 원에서 2019년 2억 8413만 원으로 늘어났다. 같은 시기 전국 평균이 2012년 2억 6875만 원에서 2019년 3억 1572만 원으로 올랐으니 전국 평균과 비교할 때 수도권과 비수도권의 순자산액은 2012년 124.4%, 77.86%에서 2019년 121.01%, 80.53%로 변했다. 수도권은 낮아지고 비수도권은 올랐으나 여전히 격차는 크고, 이것은 평균이므로 서울이나 핵심지역의 자산액은 훨씬 더 큰 격차를 보일 것이다.

실제로 한국감정원의 〈공동주택실거래가격지수〉에서 중소형 아파트(60m² 초과 85m² 이하)의 1m²당 가격은 전국 평균의 경우 2006년 1월 297.7만 원에서 2019년 10월 500.6만 원으로, 서울 평균은 2006년 1월 499.5만 원에서 2019년 10월 1052.9만 원으로, 지방 평균은 2006년 1월 138.1만 원에서 2019년 322.2만 원으로 상승했다. 2019년 기준 서울의 중소형 아파트 값이 지방보다 세 배 이상 비싸다. 수도권 부동산 불패는 여전히 깨지지 않는 신화이고, 부동산으로 벌어들이는 불로소득은 중산층의 자산증식 욕망을 자극하고 있다.

한국에서 주거는 문화가 아니라 재테크의 수단이고, 공간 역시 이 수단에 따라 배치되었다. 집값과 더불어 교육은 한국 사회 불평등의 주요한 원인이다. 수도권 대학으로의 진학과 수도권의 일자리는 밀접하게 연관되어 있고 일종의 '직업 격차'를 만들었다. 울산광역시나 거제시 같은 지방의 몇몇 기업도시를 제외하면 동일노동에 종사해도 수도권의 일자리가 더 많은 임금과 더 높은 사회적 인정을 받는다. 민주화 이후에도 이런 격차는 점점 더 벌어지고 있고, 그 결과 수도권 인구 및 서울 인구는 다시 늘어나고 있다. 2019년 이후 수도권의 인구는 사상 처음으로 전체 인구의 50% 선을 넘어섰다.

이런 격차는 경제적인 것으로 끝나지 않고 이후의 사회관계로도 이어진다. 통계청의 〈사회단체 활동정도〉에서 2019년을 기준으로 시민들이 소속감을 갖고 적극적으로 활동한다고 답한 결사체의 순위를 보면, 동창회/향우회(7.3%), 동호회(5.3%), 종교단체(5.0%), 자원봉사/기부단체(2.1%), 지역사회 공공모임(1.7%), 노동조합단체/사업자단체/직업조합(1.1%), 시민단체(1.1%), 사회적 경제조직(1.0%), 정당(0.4%) 순이다. 시민단체나 정당 같은 민주주의의 기반인 조직보다 동창회나 향우회 같은 연고조직의 활동 비율이 훨씬 높다. 소속된 적이 없다는 단체의 비율을 보면, 시민단체(88.8%), 사회적 경제조직(88.4%), 정당(87.4%) 순으로 높고, 동창회/향우회에 소속된 적이 없는 비율은 44.0%로 가장 낮다. 한국 사회의 주된 사회참여 활동이 연고망에 얽혀 있다는 이야기다. 이런 연고망은 공정보다 결탁을 강화하고 신분질서를 더욱 단단하게 만든다.

IMF사태와 강원랜드 채용비리, 약육강식의 교훈

정치, 경제, 문화 모든 면에서 피라미드화된 구조는 민주화에도 변하지 않았고 그 격차는 더욱더 벌어졌다. 여기에 결정적인 사건들이 또 있다. 바로 1997년의 국가부도위기와 IMF(국제금융기구) 사태다. 당시 정부는 경제위기란 없다며 거짓말을 하다가 많은 중소기업을 도산시켰고, IMF와의 협상 과정에서 파견근로제와 정리해고제처럼 불안정 노동을 승인하는 법안들을 슬며시 통과시켰다. 많은 기업이 도산했지만 대기업들은 정부의 공적자금과 자산 매각으로 목숨을 유지했다. 국제 금시장에 영향을 미칠 만큼 자발적으로 금을 내놓았던 시민들은 경제위기의 제물이 되었다.

 이런 상황이 한국 시민사회에는 어떤 영향을 끼쳤을까? 정부와 기업은 위기를 은폐하고 이를 기회 삼아 자신들의 이익을 꾀했고, 시민들의 생활은 벼랑 끝으로 내몰렸다. 국가와 기업은 자신들이 책임져야 할 수많은 시민과 노동자의 삶을 내팽개쳤다. 살아남기 위한 혹독한 경쟁이 사람들을 피폐하게 만들었다. 경제성장과 중산층의 확대를 통한 사회 민주화라는 민주주의 가설은 국가부도위기를 거치며 붕괴했다. 상류층으로 올라가는 건 이미 불가능해졌고 중산층의 지위라도 유지하려는 욕망이 중간층 내부의 경쟁을 가속화시켰다. 반면에 상층의 사회적 지위는 위기를 거치며 더욱 확고해졌고, 하층의 상황은 더욱 악화되었다. 위로 올라가는 길은 좁아졌고 밑으로 떨어지는 길은 크게 넓어졌다.

영화 〈국가부도의 날〉을 보면, 작은 공장의 사장이던 한갑수(허준호 역)는 위기의 희생양이 된 시민을 상징한다. 흥미로운 점은 한갑수가 영화 말미에 대기업 면접을 보러 가는 아들에게 전화를 걸어 "아무도 믿지 마"라고 당부한다는 것이다. 사람 좋고 성실하던 한갑수는 IMF사태를 거치며 사회에 대한 신뢰를 잃고 이주노동자에게 일하라며 욕설을 하는 사람, 아무도 믿지 않는 사람으로 변했다. 이런 변신이 한갑수 개인의 문제일까? 국가기관만이 아니라 그 누구도 믿지 말라, 목숨을 건 경쟁에서 간신히 살아남은 사람들이 내면화한 정신이다. 그리고 이 정신은 약자일수록, 공간과 시간에서 차별을 겪는 사람들에게 더 가혹하게 내면화되었다.

쉽게 묻혔지만 매우 중요한 사건이 또 하나 있다. 바로 2017년의 '강원랜드 채용비리' 사건이다. 폐광지역을 부흥시킨다는 명목으로 세워진, 내국인을 상대하는 국내 유일의 카지노인 강원랜드. 2012년과 2013년에 강원랜드에 최종합격한 518명 중 493명이 부정청탁 대상자였다는 사실이 2017년에 밝혀졌고, 현직 국회의원, 공무원, 지방의원을 비롯한 힘 있는 사람들이 대거 연루되었다. 한국 최초의 대대적인 채용비리 사건이고, 민주주의 사회에서는 상상도 할 수 없는 사건이다.

그런데도 한국의 사법부는 청탁한 사실은 인정되지만 대가성이 분명하지 않다는 이유로 국회의원에게는 무죄를 선고했다. 사법부의 판결에서 흔히 볼 수 있는, 술은 마셨지만 음주운전은 아니라는 식의 판결이다. 왜 이런 판결이 반복될까? 판사들이 비상식적인 것일까, 아니면 관련자들이 법을 잘 알아서 요리조리 피해 가서일까? 그도 아니면 같은 사법부인 부장검사 출신의 국회의원이라서? 더 심각한 문제는 시민들이 그럴 줄 알았다는 식의 시큰둥한 반응을 보여 이후 비슷한 문제가 반복될 수밖에 없다는 점이다.

IMF사태가 사회의 신뢰를 무너뜨린 사건이었다면, 강원랜드 채용비리 사건은 힘이 곧 능력임을 증명한 사건이었다. 이런 사회에서 신뢰와 협동은 허구의 가치로만 남고, 실제로는 상호적대적인 경쟁이 권장된다. 이런 사회에서 어떤 희망을 찾을 수 있을까?

조국사태 그 이후, 공정함이 우리를 구원할 수 있을까?

이 와중에 2019년 8월 9일 청와대 조국 민정수석이 법무부장관 후보로 지명되면서 이른바 '조국사태'가 본격적으로 벌어졌다. 야당과 언론, 검찰은 조국 가족의 비리를 집중적으로 캐기 시작했고, 그 과정에서 자식들의 학력 관리 의혹과 사모펀드 투자 의혹, 한국 사회 '있는 집안'들끼리의 품앗이 관행이 드러났다. 〈스카이 캐슬〉은 또다시 TV 밖에서 재현되었다.

청와대로 들어가기 전까지 조국은 대표적인 비판적 지식인이기도 했다. 왜 이런 일이 벌어졌을까? 정확한 이유는 알 수 없다. 다만 경향신문 특별취재팀이 쓴 《민주화 20년, 지식인의 죽음》(후마니타스, 2008)은 한국의 지식인들을 다룬 책이지만 한국 사회의 단면을 드러내기도 했다. 특별취재팀은 저항적 지식인의 소멸과 지식인 재생산 메커니즘의 고장이 점점 더 기득권화되는 한국 사회의 모습과 무관하지 않다고 지적했다. 이념적 지향과 무관하게 정치권력과 경제권력에 선을 대고 스스로를 문화권력으로 만들며 시민운동의 전문가로 경력을 쌓은 지식인들은 시민사회에도 영향을 미쳤다.

지금은 어떨까? 정치권력과 사귀는 데 점차 익숙해진 교수들, 재벌개혁 이야기를 입 밖으로 꺼내지 않는 지식인들, 연구용역에 매달리는 지식인들의 모습은 지금 얼마나 달라졌을까? 문재인 정부는 역대 정부 중 교수를 가장 많이 장관으로 임명했다. 청와대,

법무부, 보건복지부, 환경부, 통일부, 문화체육관광부, 해양수산부, 여성가족부, 교육부, 산업통상자원부, 과학기술정보통신부 등 다양한 부서에 교수 출신들이 자리 잡았다. 《민주화 20년, 지식인의 죽음》에 "재벌 앞에 '자기 검열' 빠져드는 지식인"이라는 글을 썼던 김상조 교수는 공정거래위원장을 거쳐 대통령비서실 정책실장으로 일하고 있다. 김상조 교수는 본인이 말한 "과거의 정경유착은 과잉 규제의 산물이지만, 오늘날의 재벌공화국은 과소규제의 산물이다"라는 말을 어느 정도로 지키고 있을까? 소위 386운동권들이 청와대와 국회로 들어갔지만 박근혜 정부에 이어 문재인 정부에서도 기업에 대한 규제완화 정책은 계속되고 있다. 이런 현상을 어떻게 이해해야 할까? 그 자리에 가보니 생각이 달라졌다?

일각에서 터져나온 '관행'이었다는 주장은 불평등과 세습구조가 깊이 뿌리내려 있음을 뜻한다. 그런 점에서 조국사태가 드러낸 것은 불평등과 세습구조만이 아니라 사회의 '분열'을 넘어선 '분리'다. 조국의 문제가 그만의 문제가 아니라는 점은 분명하다. 한국 사회의 기득권은 많은 이점을 누리고 있고, 기득권에 편입된 사람들도 그런 이득을 보상처럼 받아들였다. 특혜가 상식이 되고 보상이 되는 지점이 있고, 누군가의 상식이 잘못된 것이 아니라 서로의 상식이 완전히 다르다는 점이 드러났다. 이것은 누구의 상식이 더 합리적인가 또는 공정한가라는 질문으로 해결될 수 없는 상황이다.

전 국민이 코로나19 바이러스의 확산에 불안해할 때, 전공의와 의과대학생들은 의대정원 확대와 공공의대 설립에 반대하며 파업과 국가고시 거부를 선언했다. 어떤 사회에서든 권리는 보장되어야 하지만 그 권리의 정당성은 논쟁의 대상이다. 대한의사협회가 설립한 의료정책연구소는 "당신의 생사를 판가름 지을 중요한 진단을 받아야 할 때, 의사를 고를 수 있다면 둘 중 누구를 선택하겠냐"고 물으며 "매년 전교 1등을 놓치지 않기 위해 학창시절 공부에 매진한 의사"와 "성적은 한참 모자라지만 그래도 의사가 되고 싶어 추천제로 입학한 공공의대 의사"를 답안으로 제시하는 카드뉴스를 배포했다가 삭제했다. 슬기로운 의사들은 드라마 속에서나 존재했다. 이런 능력주의에 찌든 의식은 의사들만의 문제일까?

신분피라미드사회에서 엘리트주의의 악영향은 더욱 증폭된다. 세습으로 획득된 신분이 능력으로 포장되어 격차를 좁힐 수 없는 것으로 만들기 때문이다. 이 사회에서 평범한 시민들은 심한 무력감을 경험할 수밖에 없다. 민주화는 단지 직선제로의 복귀만이 아니라 사회의 기득권 구조를 무너뜨리고 중심화된 사회구조를 다원화하며 집단주의를 사회적 연대로 전환시켜서 시민 각자가 누려야 할 실질적 자유를 확장시켜야 한다. 그렇지 않으면 이 사회는 두 개의 나라로 완전히 쪼개질지 모른다.

이 책은 바로 이 상황에 대한 질문이다. 각자의 상식선에서는 문제가 되지 않는 것이 서로의 기준에서는 충돌한다. 실제로 전교 1등을 했던 의사는 무엇이 문제인지 모를 수 있고, 응급실을 찾지 못한 환자는 분노할 수밖에 없다. 법과 권리로 만들어진 제도는 이런 충돌에 무능하다. 그러면서 '공정성' '공정함'이 중요한 화두로 떠올랐다. 그러나 이것은 분리된 나라에서 타당하지 않은 질문이다. 왜냐하면 두 개의 나라로 갈라진 사회는 애초부터 공정할 수 없기 때문이다. 시민들의 나라에서 부패로 불리는 것이 기득권 나라에서는 정당한 관행이다. 여기서 법은 무엇을 할 수 있나? 하나의 나라를 전제한 법은 이렇게 분리된 상황에서 죄는 인정되나 유죄를 증명할 수는 없다는 식의 형식적 개입밖에 할 수 없다.

이렇게 분리된 두 나라를 다시 합치는 것이 정의이고, 공정함은 그 뒤에나 따질 수 있는 가치다. 그런 점에서 이 책은 한국 사회를 '신분피라미드'라 부른다. 바닥으로 떨어지는 것에 대한 두려움이 커지는 만큼 신분에 대한 복종심도 커지고, 격차가 커지는 만큼 신분에 대한 집착도 강해진다.

따라서 지금 필요한 건 일시적 조치가 아니라 격차를 메우면서 신분피라미드를 바꾸는 것이다. 단순히 신분을 순환시키는 것이 아니라 능력주의로 포장된 신분피라미드 자체를 무너뜨려야 한다. 이 책은 이런 중요한 과제를 함께 얘기 나누려 한다.

2장 공간의 신분화 농촌과 지방은 왜 소멸의 대상인가

4장 시민운동마저 능력주의에 포획된 이유는 무엇인가

1장

민주화는 왜 신분피라미드를
무너뜨리지 못했나

1 왜 신분인가: 세습되는 불평등

보통 시민사회와 관련해 계급이나 계층이 주요한 분석개념으로 사용되었고, 최근에는 세대가 이용되기도 한다. 한국에서 계층이나 세대가 계급보다 많이 사용되는 건 경제적 불평등만으로는 설명될 수 없는 세습이나 유착관계를 설명하기 위해서라고 생각한다. 계급이 세습되면 불평등이 심화되고, 계층이 세습되거나 유착되면 공정성이 훼손되고 낙인효과가 생긴다. 이런 세습을 설명하기 위해 세대가 활용되지만 그런 관계가 일시적이지 않고 구조화되고 공고해지고 있다는 의미에서 이 책은 '신분'을 이야기한다.

한국의 신분피라미드는 출생지와 학벌, 직업이 촘촘하게 엮여 만들어지고, 그만큼 강력하다. 그리고 신분을 얘기하는 또 다른 이유는 바로 '등급'과 '서열'에 관해 이야기하기 위해서다. 계급이나 계층과 달리 신분은 가문이나 친족 같은 타고난 특징만이 아니라 지연이나 학연 같은 특징에서도 비롯되고, 그것이 위계 질서로 등급화되어 현실에 강력한 영향을 미친다.

그렇다고 계급과 신분이 대립하거나 신분의 위계가 계급을 압도한다고 보지는 않는다. 간단한 예를 들어보자. 조선 후기의 주된 지주는 양반지주였다. 서민지주가 등장하기도 했지만 양반지주의 위세가 강했고, 일제가 식민지 체제를 갖춘 뒤에도 양반지주의 권리는 보호받았고 산업화에 적응하며 민족자본가로 거듭나기도 했다. 서민계층에서 성공한 사람들이 간혹 등장했지만 주된 권력은 양반지주들에게 있었다. 또 다른 예를 들어보자. 삼성그룹의 이건희는 CJ그룹 이재현 회장의 숙부이자 홍석현 중앙그룹 회장의 매형이고, 그 자식들은 이재용 삼성그룹 부회장, 이부진 호텔신라 사장, 이서현 삼성물산 사장이다. 이렇게 계급과 세습되는 신분이 서로 얽혀 있고, 계급의 변동이 신분질서를 해체하지 않고 함께 공고화되기도 한다.

이미 현실이 된 영화 〈설국열차〉의 풍경

단지 불평등이 존재한다고 해서 그 사회를 신분피라미드사회로 규정하기는 어렵다. 차별과 불평등이 개인의 의도나 노력과는 무관한 귀속적 성격을 띨 때 그 사회의 질서를 신분피라미드라 부를 수 있다. 계급과 계층이 신분이 되어 세습될수록 불평등과 차별은 바로잡기 어렵다.

2010년경에 이른바 '수저계급론', 즉 부모의 능력에 따라 자식의 신분이 금·은·동·흙수저로 나뉜다는 주장이 등장한 것은 이런 현실을 반영한다. 수저계급의 정의나 계급간 구분이 다소 자의적인 면은 있지만 한국 사회의 불평등이 심화되었을 뿐 아니라 세습되고 있음을 드러낸 현상이다. 실제로 김낙년은 "한국에서의 부와 상속, 1970-2014"(《경제사학》, 2017)에서 고도성장기에는 청년층이 자산을 늘릴 수 있지만 고령화가 본격화되고 저성장이 장기화되는 추세에는 상속으로 인한 불평등이 심화될 것이라고 분석했다. 김낙년은 상속이나 증여가 전체 자산 형성에 기여한 비중(이전자산비중)이 1970-1980년대 20%대였다가 2000년대에 42%를 넘어섰다고 지적한다. 영국이나 프랑스에 비하면 한국의 비중이 지금은 높지 않지만 1990년대를 지나며 증가속도가 빨라졌고 추세가 지속될 전망이라 다른 국가를 추월할 수 있다고 김낙년은 전망한다. 이렇게 상속의 중요성이 커지는 만큼 신분질서는 더욱 강해질 수밖에 없다.

조귀동은 《세습 중산층 사회》에서 노동시장의 격차를 중심으로 80년대 학번-60년대생의 지위가 90년대생의 자식들에게 세습되는 과정과 결과를 분석한다. 이 책에서 조귀동은 초격차와 세습을 얘기하지만 그것을 신분으로 규정하지는 않는다. "오늘날 20대들은 첫 일자리로 사실상 '신분'이 결정"되고 그것이 불평등을 심화시킨다고 주장하지만, 이런 격차를 만든 분석대상을

80년대 학번-60년대생으로 제한한다. 주된 비판은 "지금의 불평등이 상위 1%와 나머지 99%의 격차뿐만 아니라 상위 10%와 나머지 90%의 심각한 격차 문제에 기인한다는 점을 직시할 필요가 있다"는 데 둔다. 이제 한국은 1% 기득권은 넘볼 수 없는 상위층이 되었고, 상위 10%는 자기 몫 챙기기에 바빠 평등 따윈 나몰라라 내팽개쳤다. 나머지 사람들이 피라미드 맨 아래층을 채우며 남은 자원을 두고 서로 치열하게 경쟁하고 있다. 그런데 이제는 치열하게 경쟁해도 그 위의 층으로 올라가는 것이 거의 불가능하다. 영화 〈설국열차〉의 풍경이다.

관습과 관행으로 스며든 불평등

여기서 생기는 궁금증은 민주화가 되었는데도 한국이 신분피라미드를 무너뜨리지 못한 이유다. 민주화와 혁명은 신분질서를 무너뜨리는 게 기본 아닌가? 홍승기는 "신분과 평등"(한국사 시민강좌, 2000)에서 "오늘날 문제가 되고 있는 불평등이 법과의 관련 속에서 이야기되고 있기도 하지만 더 많은 경우는 관습과 관행의 형태로 생겨나고 있다. 주로 관행과 관습의 형태로 오늘날 한국 사회를 불평등 사회로 이끄는 요소들은 어떠한 것인가. 이와 관련하여 우리는 다음 세 가지를 대표적인 예로서 들 수 있을 것이다. 하나는 빈부의 격차에 따른 경제적 불평등이고, 둘은 출신지역의 차이에 따른 정치적 불평등이며, 셋은 남녀의 차이에 따른 사회적 불평등이다. 이 셋은 기본에 있어서는 경제·정치·사회의 영역으로 각기 나뉘어지지만 불평등의 실제에 있어서는 셋이 모두 서로 복합적으로 관련되어 있다"고 지적한다. 법이 문제이면 싸워서 개정할 텐데, '그냥 옛날부터 그랬어'라고 하면 대응하기가 애매해진다. 그리고 법이 일상 영역을 세세하게 규정하는 건 어렵기도 하고 바람직하지도 않다.

더구나 불평등의 원인은 훨씬 더 다양하다. 수도권이 모든 자원을 흡수한다는 법은 없지만 집중은 계속되고 있고, 남성이 사회를 지배한다는 법도 없지만 중요한 권력은 다 남성들이 잡고 있다. 그렇게 불평등은 우리의 일상에 관습과 관행으로 스며들었다. 불평등을 불평등으로 잘 인식조차 못하고 그것이 능력이나 자질의 차이로 오해되곤 한다.

정치과정이 민주화되었어도 경제적 불평등은 계속 심화되고, 수도권으로 집중된 정치적 힘과 가부장제의 힘은 여전히 작동하고 있다. 대통령 직선제를 비롯한 절차적 민주주의는 하나씩 실현되었지만 경제민주화는 과제로만 남아 '재벌개혁'이란 구호가 지금도 나오고 있다(흥미롭게도 재벌들의 이해관계는 뇌물과 같은 부패만이 아니라 정계, 관계, 재계, 언론계를 가로지르는 촘촘한 혼맥으로 관리되고 있다). 3장에서 살펴보겠지만, 1997년 IMF사태를 거치며 삶 자체가 등급과 서열로 관리되고 있다.

삶의 등급화는 2장에서 다룰 공간의 격차에도 반영되어 있다.

민주화 이후에도 수도권으로의 초집중 경향은 거의 변하지 않았고, 그동안 비수도권의 힘은 점점 약해지다 이제는 '지방소멸'이란 압력에 짓눌리고 있다. 원인은 초집중인데, 원인을 고칠 생각은 하지 않고 비수도권에 엉뚱한 시설들만 세우거나 수도권의 관광지로 만든다. 이것은 도시와 농촌, 산업과 농업의 서열과 무관하지 않다.

여기에 학벌의 힘도 강력하다. 한국에서 학벌은 대부분의 사람이 인정하는 신분 상승의 도구이지만 그 문제가 공개적으로 논의되진 않는다. 왜냐하면 공론장에서 발언권을 가진 사람들 대부분이 그런 학벌의 습에 젖어 있어 그것을 문제로 인식하지 못하기 때문이다. 그러나 현실에서 학벌의 힘은 매우 강력하다. 예를 들어, 제21대 국회의원의 출신 대학을 보면 총 300명 중 서울대 63명, 고려대 27명, 연세대 22명으로 소위 'SKY대학' 출신이 112명으로 전체의 37.3%다. 제1야당인 국민의힘 103석보다 9석이 많다. 물론 학교별로 투표를 하진 않겠지만 학벌과 자산의 연관성이 많은 만큼 계급투표의 가능성도 있다. 2020년 6월 4일, 경제정의실천시민연합(이하 경실련으로 표기)은 21대 국회의원들이 신고한 재산 현황을 분석해 1인당 평균재산이 21억 8천만 원이고 부동산재산 평균이 13억 5천만 원, 국회의원 중 30%가 다주택자라고 발표했다. 학벌 좋은 사람이 돈도 많고 권력도 잡은 사회, 신분피라미드의 민낯이다.

또한 21대 국회의원의 성별을 보면, 역대 최다 당선율임에도

여성의원의 비율이 19%다. 그 능력과 무관하게 여성들은 제도권
력에 접근하기 어렵고, 그러니 여성의 건강이나 안전, 복지와 관
련된 법들이 남성의 시선에서 만들어진다. 여성의 권리가 신장
되었다고 하지만 지금도 여전히 여성에게 폭력을 가하고 희롱하
는 '강간문화'가 존재한다. 여성의 고위직 진출을 막는 유리천장
과 강간문화를 방치한 채 성평등을 얘기하기는 어렵다. 이렇게
권력, 학력, 재산, 성별이 심하게 편중된 사회가 한국 사회이고,
이런 힘의 편중은 불평등을 심화시킨다.

'아는 사람' 먼저 찾는 문화

불평등을 심화시키는 한국 사회의 또 다른 관행이 있다. 정치에
서는 여전히 '계파'가 중요하고, 경제에서도 재벌가들의 비합리
적인 지배구조가 강력하다. 힘 있는 사람이든 힘이 없는 사람이
든 상관없이 너무나 자연스럽게 굳어진 문화는 사람과의 연결고
리가 중요하다는 생각이다. 그래서 한국에서는 정치, 경제, 문화,
어떤 일을 하든 '아는 사람'을 찾는 문화가 있다. '능력'보다 누군
가의 '소개'가 훨씬 더 중요하다.

　　그런데 사실 이 '아는 관계'는 그냥 만들어지지 않는다. 이 연
결고리를 만들기 위해 학연, 지연, 혈연 등이 동원되고, 심지어
아는 사람을 만들기 위해 학습하고 투자하는 문화가 존재한다.

각종 특수대학원은 이런 관계를 만들어주기 위해 존재하고, 향우회, 동문회, 종친회 등도 아는 관계를 만들고 다지는 도구다. 결국 관계에 투자할 능력과 여력을 가진 사람들의 힘만 강해진다.

반면에 '모르는 사람', 더 정확히는 쓸모없는 관계에 대한 무시나 차별은 심해진다. 도움이 되기는커녕 마음에 부담이 될 것 같은 관계, 내 것에 해를 입힐 것 같은 관계, 바로 그 극단에 이주노동자나 난민에 대한 혐오가 존재한다. 어떤 관계로도 이어지지 않는 사람들에 대한 불안감은 차이가 차별로 쉽게 전환될 수 있는 문화를 만든다. 타자에 대한 관심이 사라지면 관계는 도구로 변한다. 이런 문화는 위계가 강한 문화, 갑질이 통용되는 문화를 만들기 쉽다. 이런 사회에서는 어떤 명분을 내세워도 공공성이 강화되기 어렵다.

다른 한편에서 이런 관계를 중시하는 문화는 '업적'을 중시하는 관행과 무관하지 않다. 어떤 과정을 밟든 목적을 이루기만 하면 상급자의 인정을 받을 수 있으니 공정하고 합리적인 과정보다 사람에 의지한다. 자연히 관계를 만들거나 다지려는 '접대'문화가 번성할 수밖에 없고, 이는 부패에 둔감한 구조를 만든다.

물론 특정한 요인이 모든 걸 결정한다고 주장하는 것은 아니다. 그렇지만 한국에서 신분은 특별한 상황은 물론 일반적인 상황에서도 압도적인 영향력을 발휘한다. 특권을 가진 신분집단의 힘이 강해지는 것도 문제이지만, 사회 전체가 신분질서를 유지하는 방향으로 흘러가는 것은 더 큰 문제다. 그런 흐름이 신분피라미드를 정당화시키기 때문이다. 한국 사회를 각자도생의 사회라고 하지만 실은 신분에 따라 사는 방법이 다른 신분피라미드사회다.

2 학벌과 능력주의에 포획된 민주화

기회균등과 자기계발을 내건 교육은 신분피라미드가 존재한다는 사실을 숨기기에 좋은 장치다. 심각한 불평등과 차별이 존재해도 노력만 하면 성공할 수 있다는 신화를 교육이 만들기 때문이다. 교육받을 수 있는데 성공하지 못했다면 그것은 개인의 탓이다. 1987년 이후의 민주화는 경제민주화만 이루지 못한 것이 아니라 교육의 방향전환도 이루지 못했다.

입시 위주의 경쟁교육은 계속되었고, 사립학교법을 비롯한 교육관계법도 별다른 변화가 없었다(심지어 1990년에 개정된 사립학교법은 학교법인의 이사장과 그 배우자 또는 직계존속·직계비속 및 그 배우자의 관계에 있는 자가 학교법인의 교육기관장에 임명될 수 없다는 제한규정을 삭제하고 이사장이 다른 학교법인의 이사장을 겸할 수 있도록 허용해 학원민주화의 열기에 찬물을 끼얹기도 했다). 위계적인 학벌구조도 바뀌지 않았고, 사교육 시장은 1990년대 약 10조 원대에서 2007년 약 20조 원대로 두 배 이상 증가했고, 2019년에는 약 21조 원으로 증가했다.

여전히 강력한 학벌의 위세

김상봉의 《학벌사회》(한길사, 2004)는 그 위계적인 학벌구조를 문제 삼았다. 김상봉은 "학벌차별이 한국 사회 특유의 사회적 불평등 현상임에도 불구하고 계급론을 연구하는 사회학자들이 이 문제를 철저히 무시한 까닭은 주관적 또는 심리적 측면에서 볼 때 한국 사회학계에서 주도적으로 계급론을 연구해온 많은 학자들의 학벌이 너무 좋은 까닭에 자기 자신이 처해 있는 사회적 모순을 직시하기 어려웠기 때문이기도 했겠지만, 보다 본질적이고도 객관적인 측면에서 보자면 그 까닭은 한국의 사회학자들이 존중하는 서양의 계급론 교과서에 학벌이라는 항목이 없기 때문이라 해야 할 것이다. 그리하여 사회학자들이 한국 사회의 계급구성을 연구할 때 그들은 기본적으로 마르크스에게서 출발하는 고전적 계급론이나 그것의 다양한 변형태들을 다만 한국 사회에 적용하려 했을 뿐이다"라고 지적한다.

물론 외국에도 명문대가 있고 학력에 따른 불평등이 존재하지만 학벌이라 불리지는 않는다. 학벌은 불평등과 더불어 차별을 구조화해 세습하기 때문이다. 김상봉은 학벌이 타고난 혈통을 따르는 것은 아니라서 신분이라고 부르기는 어렵다고 보지만

"서울대는 이 나라의 성골"이라며 신분화의 가능성을 열어놓는다. 김상봉은 이 신분이 얼마나 편리한지 다음과 같이 얘기하는데, 지금이라고 다를 것 같지 않다.

이를테면 당신이 서울대 출신이라 가정해보라. 그것은 청와대 수석비서들 거의 전부가, 행정부의 국무위원들 반 이상이, 그리고 국회의원의 1/3이 당신의 학교 친구 선후배라는 것을 의미한다. 당신이 대기업에 취직을 한다면 모든 부서에 없는 곳이 없이 당신의 선후배들이 있어서 밀고 당겨줄 것이다. 어쩌다 운 나쁘게 당신이 송사에 휘말린다면 판사와 검사, 그리고 변호사의 최소한 절반 이상이 당신의 동문일 것이며, 당신이 혹시 외국에라도 나가게 된다면 대사관이나 영사관에 어김없이 당신의 동문이 앉아 있는 것을 볼 수 있을 것이다. 얼마나 편리한 일인가?

학벌이라고 하면 추상적으로 느껴지지만 그 효과는 이렇게 구체적이다. 소설가 박민규는 《삼미 슈퍼스타즈의 마지막 팬클럽》(한겨레출판사, 2017[1쇄 2003])이란 소설에서 서울대학교의 졸업식 장면을 이렇게 묘사하기도 했다.

졸업식장에는 자신감 가득한 표정으로 클립턴 행성에서 지구를 향해 출발하는—가슴에 'S' 로고를 달고 빨간 망토를 펄럭이는 클립턴 행성의 아이들이—검은 학사복으로 자신의 신분을 위장한 채 자랑스럽게 서 있었다. 그들은 한국의 미래를 이끌어가라는 총장의 연설을 듣고, 졸업장을 받고, 가족들과 기념사진을 찍고, 정문 앞의 즐비한 공중전화 부스에서 재빠르게 변신을 한 후, '일류대'라는 특수효과에 힘입어 그 해의 하늘 속으로 날아올랐다.

지금은 해외 명문대라는 크립토나이트 때문에 그 힘이 약해지기는 했지만 서울대의 힘은 여전히 강하다. 《학벌사회》에 따르면, 노무현 정부 때인 2003년 1급 공무원 총원 255명 중 서울대 출신이 48.2%, 2003년 10대 기업 대표이사 142명 가운데 서울대 출신이 43.6%, 1999년 기준 중앙 방송 및 신문사 간부 466명 가운데 서울대 출신은 37%, 2002년 전국 대학교수 4만 7천 명 중 서울대 출신이 1/4이었다. 이 비율은 지금 얼마나 달라졌을까?

2017년 8월 16일자 〈경향신문〉은 "문재인 정부 파워엘리트: 정부 핵심요직자 213명 분석"이란 기사에서 청와대와 핵심부처의 공직자들을 분석했다. 노무현 정부에서 박근혜 정부까지의 파워엘리트가 50대 중반(평균연령 53-55세), 서울대, 경기고, 영남 출신의 남성(여성비율 2-3%)이었다면, 문재인 정부의 파워엘리트는 56세, 서울대, 광주제일고, 영·호남 출신의 남성이다. 지역별 균형은 나아졌지만 평균연령은 더 높아졌고, 서울대 비중은 42.2%로 박근혜 정부 때의 33.5%보다 크게 늘었다. 출신 고등학교와 대학의 수가 늘어나고 구성이 다양해졌지만, SKY대학의 비중은 박근혜 정부 50.2%에 비해 늘어나 61%에 이르렀다.

또한 4대 권력기관(국가정보원, 검찰청, 경찰청, 국세청) 주요 보직자 31명 중 수도권 출신이 13명으로 41.9%를 차지했다. 2018년 기준으로 여성 고위직 공무원이나 임원이 한 명도 없는 곳도 중앙정부 6곳, 광역지자체 5곳, 기초자치체 5곳, 공공기관 68곳 등 총 84곳이나 되었다. 비율은 좀 낮아졌지만 파워엘리트의 족보는 변하지 않았고, 이런 엘리트들이 차지하는 신분의 힘도 강력하다.

2020년 4월에 잡코리아가 시가총액 상위 30대 기업의 2019년 임원 학력 데이터를 분석해 발표한 결과에 따르면, 대기업 임원을 가장 많이 배출한 학교도 서울대로 전체의 10.8%를 차지했다. 고려대가 7.4%, 연세대가 6.8%를 차지했고, 해외 대학 출신 임원이 24.1%였다. 성별로는 대기업 임원 중 95.6%가 남성이었고 여성 임원은 전체의 4.4%에 그쳤다. 재계의 학벌은 SKY 출신이 외국 대학 출신에게 밀리는 양상이지만 남성 집중현상은 거의 바뀌지 않았다.

〈미디어오늘〉에 따르면, 2014년 주요 언론사 간부 104명 중 서울대 출신이 36.5%였고, 〈조선일보〉에 2000년에서 2017년까지 공채된 기자 중 서울대 출신이 109명으로 47%를 차지했다. 그리고 연세대가 41명, 고려대가 37명으로, SKY대학의 비율이 80.6%였다. 2016년 방송기자연합회가 KBS·MBC·SBS·YTN(지역사 제외) 기자 1287명의 출신학교를 전수조사한 결과 SKY 출신 비율이 60.1%였다. 한국은 중앙언론이 여론을 거의 독점하다시피 하기에 언론에서 학벌의 영향력은 여전히 강하다고 할 수 있다.

그들의 이념은 어디로 갔을까

민주화를 이끈 시민사회운동은 왜 이런 신분구조를 없애지 못했을까? 또는 없애지 않았을까? 이철승은 불평등을 세대와 연관시켜 분석한 《불평등의 세대》에서 민주화 세대라 불리는 1960년대 출생 세대가 자신들의 네트워크와 조직화의 경험, 이념, 운을 활용해 기득권을 강화했다고 비판한다. 마치 불평등을 해결할 것처럼 부르짖었지만 정치권력과 시장권력을 접수하고 그것을 활용해 자신들을 중심으로 소득과 자산의 불평등을 강화시켰다고 말이다. 이철승은 '시민사회의 국가화'를 주장하며 "'권력 쟁취'를 위해 시민사회가 스스로를 조직하고 동원하여, 결국에는 국가를 장악"했다고 본다. 민주화 세대가 동아시아의 봉건적 위계구조를 자신들의 방식으로 재구축했다는 주장이다.

그런데 동아시아의 위계와 네트워크만으로 그들의 선택을 설명하는 건 뭔가 부족해 보인다. 혁명과 개혁을 부르짖었지만 너희도 결국 자기 이해관계를 챙기는 거였어, 라는 식으로 얘기를 정리할 수도 있다. 하지만 그것만으로는 설명이 부족하다. 어쨌거나 그 시절에 학생운동을 한다는 건 자신의 이해관계를 버리는 희생이었고, 때로는 신체의 자유나 목숨까지 거는 위험한 승부이기도 했다. "이들의 네트워크는 20대에 '하방운동'을 거쳐, 30대에 각종 시민사회단체와 정당을 건설하고 40대와 50대에는 정치 및 경제 권력을 장악하기에 이른다"는 이철승의 매끈한 설명만으로는 정리하기 어렵다. 이철승의 설명처럼 이들은 "지연과 혈연, 학연을 뛰어넘는 '이념 네트워크'"를 만들기까지 한 세대이기 때문이다. 그 이념은 대체 어디로 갔을까?

처음에는 순수했지만 나중에 생각이 바뀌었다, 권력을 쥐다 보니 자기 욕망이 생겼다, 이런 식의 설명도 뭔가 충분하지 않다. 앞 세대와 다르게 학습과 세미나를 통해 이념을 학습했던 세대가 왜 그렇게 쉽게 생각을 바꿨을까? 심지어 그 이념과 반대되게 자신의 재산을 자식들에게 세습하기 위해 노력할까? 이철승의 설명처럼 "직계 씨족에게 자신의 자산을 물려주고자 하는 강한 상속 욕구", "증여와 상속을 통한 가족·씨족 계보의 안전망 구축" 때문일까? 아니면 조귀동의 설명처럼 "자신의 자녀들이 적합한 '능력'을 갖추도록 독려하고, 교육제도를 잘 이용해 새로운 경제 여건과 시대상황에 걸맞은 '인재'로 키워내는 데 성공"하려는 욕망 때문일까? 부모세대가 자식세대에게 자신의 지위를 세습하려는 것은 보편적인 인간의 욕망으로서 아주 자연스럽게 받아들여진다. 하지만 그런 세습의 욕망이 정말 보편적인 것인가라는 물음이 계속 남는다. 왜냐하면 그런 증식의 욕망은 욕망을 조절해야 한다는 이념과 충돌하기 때문이다.

'우리가 세상을 이끌 수 있고, 이끌어야 한다'

그 점에서 이 책은 충분히 설명되지 않은 부분에 초점을 맞추려 한다. 그것은 바로 '능력주의'다. 《능력주의는 허구다》(*The Meritocracy Myth*, 사이)를 쓴 스티븐 J. 맥나미(Stephen J. McNamee)와 로버트 K. 밀러 주니어(Robert K. Miller Jr.)에 따르면, 능력주의는 "개인의 노력과 능력에 비례해 보상을 해주는 사회 시스템"이다. 군사독재와 시민사회운동은 민주주의를 놓고 서로 대립했지만 능력주의를 공유했다. 박정희는 이승만 정권의 부정부패 척결을 내세우며 능력주의에 입각한 관료주의 체제를 만들고자 했고, 사회운동 역시 능력에 따라 정당한 보상을 받는 사회를 만들고자 했기 때문이다.

특히 시민사회운동의 기반이 된 학생운동은 입시라는 관문을 통과한 이들이 주체였기에 능력주의를 자연스럽게 받아들였다. 사회과학 원전을 읽고 토론을 벌이는 사상학습과 사상투쟁의 중심에 섰던 80년대 운동권도 마찬가지였다. 마르크스와 레닌의 원전을 누가 더 많이 읽었나, 누가 더 정세분석을 잘하는가, 사회운동에서도 이런 능력이 중요했다. 능력 있는 사람이 조직을 이끌어야 한다는 생각은 전혀 의심을 받지 않았다.

일본의 사상가 후지타 쇼조(藤田省三)는 《전향의 사상사적 연구》(논형)에서 이런 경향을 다음과 같이 독특하게 설명한다.

우등생으로 살아갈 경우 우리는 항상 모범이 되고, 실체가 된다. 일본 사회의 지도질서는 대부분 이렇게 구체적 인간을 모델화하고 그 구체적 모델의 계층으로서 형성된다. 여기서 지도자는 스스로를 실체화해야만 지도자일 수 있다. '지도자의 자기 실체화 경향'이 지배하는 이상, 자신을 부분으로 의식하고 수비 범위와 공격 순서를 규정하여 그곳에 에너지를 집중하는 것은 불가능하다. 즉 민주주의 질서는 만들어지지 않는다. 그리고 분업의식이 없는 곳에서는 당연히 부분이 전체를 침식하려고 하기 때문에 분파주의가 발생한다. 더구나 앞의 '경향'에 따라서 지도자 과정이 끊임없이 후배들에게 그대로 이어지기 때문에, 동형의 인간과 동형의 이론이 언제까지나 재생산될 뿐이고, 서로 대립하고 그로 인해 서로 증식하는 것과 같은 다른 형태의 인간과 이론을 낳지 못한다. 그래서 한편으로 '민주적 토론'의 원칙은 동질적인 것 사이에서 공허한 용어 수정의 말장난이 되어 형해화된다. 동시에 다른 한편으로 집단은 어느 틈엔가 아류집단화된다.

생각해보면 학생운동이든 사회운동이든 운동의 방향은 항상 구체적인 인물로, 특정 정파로 표현되었다. 전대협 의장 누구, 무슨 조직의 중앙위원 누구의 말에 따르면, 이렇게 사회운동의 방향이 정해졌다. 사회운동만이 아니라 제도정치도 비슷했다. YS(김영삼), DJ(김대중), JP(김종필), 이렇게 한 인물이 그가 속한 계파를 대변했고 사람이 곧 조직의 노선이 되었다. 정파는 조직 내에 다른 의견이나 다른 인격을 용납하지 않았다. 그래서 대표가 나와 협상을 하는 것이 한국에서는 자연스러운 일이다.

이런 능력주의는 위계로 변하기 쉽다. 권인숙은 《대한민국은 군대다》(청년사, 2005)에서 "그 당시 학생운동은 군사독재에 반대하고 민주화를 위하여 싸웠지만, 내적으로는 상당한 권위주의와 위계적 문화가 자리 잡혀 있었다"고 지적한다. "이러한 위계질서나 보이지 않는 권위에 대한 순응성, 조직에 대한 충성도, 조직에 가족주의적인 가치관의 적용은 1980년대 학생운동의 한 특징"이었고, "단합이나 비합법적인 구조에서 민주적인 토의를 활성화하기 어려운 점이 있었지만 기존의 것에 대한 절대적인 권위, 학번 간의 뚜렷한 위계질서, 공개되지 않는 것의 권위에 대한 순응 등 조직 중심적 사고"가 존재했다. 사회운동은 기성 권위에 도전했지만 내부적으로는 또 다른 권위를 재생산하는 모순을 안고 있었다.

기성 질서의 규칙에 따라 성장한 우등생들은 자신이 기성 질서를 무너뜨릴 소명을 받은 지도자라고 생각했다. 대부분 우등생이었던 학생운동의 지도부들은 이런 자기 실체화 경향을 가지고 있었고 후배들을 지배하려 했다. 이런 경향에서는 분파주의 성향이 강할 수밖에 없고, 실제로 당시 학생운동은 민족해방파(NL)-민중민주파(PD)라는 양대 파벌을 형성했다. 민주화세대에게서 볼 수 있는 반민주적인 성향은 어떤 점에서는 자신들의 능력에 대한 자신감이기도 하다. 우리가 세상을 이끌 수 있고 이끌어야 한다는.

이런 자신감은 때론 방향전환을 하기도 하는데, 이런 전환이 꼭 배신이나 변절로 여겨지는 건 아니다. 쓰루미 슌스케(鶴見俊輔)는 《전향》(논형)에서 일본의 공산주의자들이 쉽게 천황주의자로 전향할 수 있었던 이유를 다음과 같은 정신세계에서 찾는다. "가장 어려운 입학시험을 극복한 직후 인민의 지도자가 되는 데 민주적이고 공평한 방법으로 뽑혔다고 느끼는 18살 소년의 심성틀에 딱 들어맞았습니다. 이러한 방법으로 한번 지도자로 뽑힌 사람은 그 자신의 마음속 깊은 곳에서 어떻게 정치상의 의견이 바뀌더라도 계속해서 지도자로 남아 있을 것이라는 신념을 가지고 있습니다." 이것은 쇼조가 말한 지도자의 심성과 비슷하다.

그렇다면 전향은 어떻게 정당화되나? 슌스케는 "인민들이 그들의 신념과는 전혀 반대되는 목표를 지지하고 있었던 것"을 깨달았을 때 "그들이 느끼는 인민으로부터의 고립 감정, 인근 주변의 사람들과 그들 자신의 가족으로부터의 고립 감정이, 그들로 하여금 전향을 결심하게 했습니다"라고 지적한다. 앞서 쇼조가 지적했던 지도자의 자기 실체화 경향과도 겹치고, 내가 지도자라고 생각하면 어떤 길을 가든 내 선택이 중요하다고 여기는 것이다. 특히 인민이 내 길을 따르지 않는다고 여기면 다른 길을 가도 그것이 내 길이라고 생각할 수 있다. 학생운동에서 전향한 뉴라이트 계열이 가진 정신세계가 이와 비슷할 것이라 생각한다. 그런데 이들도 능력주의와 엘리트주의를 공유하고 있다는 점에서는 동일하다.

운동권의 '능력'이 이끌어낸 사교육 시장

사회운동에서도 능력주의는 의심을 받지 않았다. 1980년대에 많은 수의 대학생들이 대학을 떠나 공장과 농촌으로 들어갔다. 소위 '학출'(학생출신 노동자)이라고 불린 대학생들이 공장에 위장 취업해 노동조합을 만들었고 농촌에서는 농민회를 건설했다(수도권 공단에 취업한 대학생 수만 대략 4천 명에 이르렀다고 한다). 이 학 출들은 노동자와 민중이 운동을 이끌어야 한다며 자기 계급을 부정하는 주장을 펼쳤다. 그러나 오하나는 《학출》(이매진, 2010)에서 학출들이 보인 지식인에 대한 적대감이 "노동운동 내부에서 활동가로 자리 잡기 위한 하나의 전략적 언표이자 행위"였다고 본다. 인민과 민중을 강조했지만 그것은 계급의 포기가 아니라 목표달성을 위한 전략이었다. 그리고 돌아가고자 한다면 학출들은 돌아갈 곳이 있었고, 그곳에서는 학출 경력도 능력이 되었다.

학벌이 좋은 게 죄는 아니지만, 학벌이 좋으면 만나는 사람과 동원할 수 있는 자원이 다르다. 한국에선 그것이 매우 중요한 능력이다. 하나의 예만 들면, 2000년에 창당되어 진보 정당의 역사를 이어갔던 민주노동당의 역대 당 대표들을 살펴보자. 권영길, 김혜경, 천영세(대표직무대행), 문성현, 심상정(비상대책위원장), 원유철(대표직무대행), 천영세(혁신비상대책위원장), 강기갑, 이정희가 그들이다. 이중 서울대 출신이 권영길, 문성현, 심상정, 이정희로 가장 높은 비중을 차지한다. 의도적으로 학벌로 선택한 것은 아니겠지만 각 파벌의 지도자들도 좋은 학벌을 가진 사람들이고 한국에서 능력을 인정받는 사람들이었다.

흥미롭게도 학생운동의 능력주의가 제대로 폭발한 곳은 투쟁의 현장이 아니라 엉뚱한 곳이었다. 민주화 이후 80년대 운동권들은 사교육 시장으로 진출했다. 이곳에서 운동권들은 주입식 교육이라는 구체제를 대체할 능력을 가진 사람임을 증명했다. 조귀동은 《세습 중산층 사회》에서 "여러 차례 언론 기사로 알려졌다시피 사교육 산업은 80년대 학번 운동권들의 호구지책으로 출발했다. 그리고 그들이 오늘날의 대치동을 만들었다. 시작은 1992년 서울 시내 중·고교 재학생의 학원 수강 허용과 1993년 대학수학능력시험 실시였다"고 지적한다. 사교육 시장의 운동권은 자신들의 방식으로 세상을 바꿀 수 있다는 자신감의 극점이라 할 수 있다. 능력이 있어야 세상을 바꾼다, 이런 세계관은 이제 자연스럽다.

서울역사박물관이 발간한 보고서 〈대치동 사교육 1번지〉(2018)를 보면, 한보그룹의 정태수가 총 공사비 1450억 원 중 단 20억 원만을 가지고 건설한 서울시 대치동의 은마아파트는 당시 중산층의 욕망을 상징했다. 아파트라는 공간과 종합상가를 비롯한 편의시설, 강남 8학군의 교육환경, 지하철 개통에 따른 교통환경은 중산층의 바람을 실현했다. 여기에 1992년 중·고등학생의 학원 수강이 허용되고 운동권 대학생과 전국교직원노동조합을 만들고 해직된 교사들이 대거 강사로 등장했다. "그들이 학원가에서 명강사로서 이름을 얻고 그 수요에 발맞춰 다른 운동권 졸업자들이 사교육 시장에 지속적으로 유입될 수 있었던 이유는 이들의 강의가 입시에서 필요로 하는 지식을 학생들이 학습하도록 만드는데 유효한 교수 방법을 확보하였기 때문이다.” 이들은 생계형으로 학원강사를 시작했지만, 비판적이고 종합적인 사고, 인문학적 소양, 논술능력 등에서 탁월했고, “1990년대 초반부터 대치동에 자리를 잡기 시작한 대형 학원의 소유주·경영자와 강사 출신의 기획자들은 새로운 유형의 사교육 서비스를 위해 동영상 기반의 온라인 플랫폼을 구축할 수 있는 자본을 동원할 수 있었다.” 운동권의 세미나 방식 학습이나 조직 내 관계를 통한 지속적인 인력 공급, 컴퓨터와 인터넷에 익숙한 문화, 사교육의 자율화 같은 조건들은 사교육 시장을 크게 넓혔다. 아이러니하게도 운동권들이 민주화 이후의 사교육을 부흥시킨 셈이다.

그리고 이 대치동 중심의 사교육 시장은 제3장에서 논의될 유연적 전문화를 몇 년 빠르게 도입하기도 했다. “학부모들은 독립적이기도 하지만 때로는 다른 학부모와 사교육 서비스 및 입시정보를 수시로 주고받는 그룹을 이루며, 강사도 독립적이지만 때로는 다른 강사들과 그룹을 이루기도 하고 임시적으로 학원에 소속되기도 한다. 이들이 개별적으로 전문화되고 특화되기도 하지만, 무엇보다 두드러진 특징은 개별 생산 주체들이 서로 경쟁하면서도 필요에 따라 유동적으로 결합하는 느슨한 조직, 혹은 필요에 따라 언제든지 해체·재구성될 수 있는 유연한 네트워크를 이룬다는 점이다." 능력에 따라 뭉치고 헤어지는 유연한 조직은 사교육만이 아니라 다른 부문으로도 확산되었다. 운동권의 탁월한 능력이 한국의 능력주의와 신자유주의를 더 강화시킨 셈이다.

중산층에의 욕망 혹은 강요

사회운동 내에서도 능력주의에 따른 동일시와 배제의 위계질서가 존재했음과 함께 이 책은 '중산층'이라는 키워드에도 주목하려 한다. 노태우가 '위대한 보통사람'이라는 구호를 내걸고 대통령에 당선되어 '중산층 신화'를 만듦으로써 능력주의 구조를 유지시켰다. 신광영은 《한국의 계급과 불평등》(을유문화사, 2004)에서 "중산층이라는 용어는 1960년대 중반 군사독재 체제하에서 만들어진 독특한 사회과학 용어였다"고 말한다. 매우 혼란스럽게 사용되던 용어가 1987년 이후 자연스럽게 받아들여졌고, 공교롭게도 1980년대 초반의 전 세계적인 경기 호황은 이제 막 억압에서 풀려난 정치의식을 자본주의 소비로 마취시킬 수 있도록 뒷받침했다. 이제 민주화가 되었으니 정치적 사안보다 경제발전을 위해, 사적 이익을 위해 노력하는 것이 중산층이라는 메시지가 사회에 돌기 시작했다.

어떤 점에서는 중산층에의 욕망이 생겼다기보다 '중산층에로의 강요'가 있었다. 당시의 정치발전론이나 민주주의 이론들은 민주주의나 경제발전이 중산층의 존재와 그 층의 확장에 달렸다는 식의 이데올로기를 열심히 전파했다. 그러면서 가진 것이 많아질수록 시민들은 사적 영역에 더 많은 관심을 쏟게 되었다. '중산층'이라는 의식은 노동계급과의 분리의식을 낳았고, 노태우 정권이 범죄와의 전쟁을 내세우며 노동운동과 노동조합을 강도 높게 탄압하는 것을 무관심하게 바라보게 만들었다. 이를 증명하는 대표적인 사건이 1991년 5월 대학생 강경대의 죽음으로 촉발된 '분신정국'에 대한 시민들의 냉담한 반응이었다. 결국 사회경제적 위기가 심화되면 중간계층은 반동적으로 움직이기 쉽다.

사상가 앙리 르페브르(Henri Lefebvre)는《현대세계의 일상성》(*La Vie Quotidinne Dans le Monde Moderne*, 세계일보사)에서 중산층, 중간계급이라는 존재 자체가 체제의 희생양이 될 수밖에 없음을 주장한다. 그들의 실제 생활은 노동계급과 별로 다를 것이 없지만 "중간계급은 프롤레타리아에 대해 일종의 높은 신분, 우월한 권위, 요컨대 계급의식을 과시한다. 이런 식으로 그들은 (자신들도 모르는 사이에) 부르주아지에게 봉사한다." 즉 중산층은 노동자계급에 대한 차별화였고, 이것은 민주화 이후에도 노동에 대한 무시와 차별이 지속되게 만들었다.

1991년 5월 강경대 타살 이후 열 명이 자신의 몸을 불살랐고, 한 명이 투신했고 또 한 명이 경찰에게 목숨을 잃으며 정권에 맞섰음에도 이들 사건은 소위 '정원식 폭행사건'과 조작된 '유서대필사건'으로 종결되었다. 정원식 폭행사건 당시 각 언론매체는

"추잡한" "도덕성 마비" "인간이 아니다" "패륜" "반지성적이고 비교육적" "반인륜적 행위" 등의 단어를 쓰며 계란과 밀가루를 던졌을 뿐인 학생운동을 맹렬히 비난했다. 대표적으로 현승일은 구체적인 묘사를 통해 체계적으로 시민들을 선동했다. "환갑이 지난 총리의 얼굴에 윤기 흐르는 청년의 손이 밀가루를 쳐 바르고 고함도 몸부림도 없이 묵묵히 당하는 그를 주먹과 발길로 치고 차면서 30분 동안이나 끌고다니는 참담한 광경", "저들이 인간의 자식인가, 마귀의 새끼인가", "그대들은 사회구조를 탓하고 선배를 멸시하고 무소불위 유아독존"(《조선일보》, 1991. 6. 7).

그러면서 잠깐 열렸던 자유의 공간은 다시 폐쇄되었고 노골적인 폭력과 은밀한 거래, 위선적인 만족감이 신분피라미드의 붕괴를 가로막았다. 시민들은 신분피라미드의 붕괴보다는 피라미드 내부의 층을 오갈 수 있으면, 피라미드 중간층이 확장되면, 능력에 따른 공정한 보상이 가능할 것이라 기대했다.

그리고 민주화가 진행되었지만 국가의 폭력성은 약화되지 않고 변형되었다. 특이하게도 한국의 조직폭력과 정치와의 연관성을 연구한 존슨 너새니얼 펄트(Jonson Nathaniel Portuex)는 《대한민국 무력정치사》(현실문화, 2016)에서 국가와 중산층의 공모를 지적한다. 대표적인 대목을 인용하면 다음과 같다.

사회적 압력이 증가하자 국가는 민주화의 서곡이 되는 1980년대 중반에 정치적 반발을 피하면서도 질서를 유지하고 늘어나는 중산층의 요구를 충족하고자 기존과는 다른 전략들을 이용하기 시작했다. 그런 전략 가운데 하나는 비국가 폭력전문 집단과 협력하는 것이었다. 이 민간 경비회사들은 흔히 본성상 합법적이지만 통상적 활동의 일환으로 범죄적 폭력을 이용한다. 분명 경찰, 나아가 국가는 결코 뒤로 숨지 않았다. 경찰이 강제 철거와 파업 진압에서 민간 경비용역들과 손잡고 일하는 것은 여전히 드물지 않고 그 증거 사례는 적지 않다. 그렇다면 무엇이 달라진 것인가? 그에 대한 대답은, 민간 경비회사가 그런 활동에서 선두에 서는 반면 경찰은 질서 유지와 관련해 정당성 문제가 생길 위험이 있어 자신이 움직여야만 할 정도로 폭력사태가 심각해질 때 개입한다는 것이다.

사적인 폭력인 철거깡패나 용역깡패들이 공권력과 나란히 서거나 긴밀히 협조하는 기이한 현상이 한국의 일상이 된 것은 폭력에 대한 중산층의 묵인 덕분이었다. 경제성장을 위해서라면, 이익을 위해서라면 폭력을 묵인하고, 그러면서도 불편함은 피하려는 중산층의 의식을 반영했다. 또한 중산층은 기득권층과 마찬가지로 농민, 노동자, 빈민 같은 자기 아래 계층을 희생양으로 삼았다. 세계가 주목했던 여러 차례의 민주화 운동에도 한국의 신분피라미드는 거의 변동이 없었다. 신분피라미드 상위층은 몇 번의 양보와 은밀한 억압(사적 폭력의 허용과 결탁)을 통해 자신들의 기득권을 잘 방어하며 어찌할 수 없는 영역으로 성역화시켰다. 혁명이란 말이 사라졌듯이 상위층의 기득권을 무너뜨린다는 생각은 이제 거의 통용되지 않는다. 피라미드의 중간층은 넓어졌으나 조금 더 위로 오를 것인가, 아래로 떨어질 것인가 치열한 경쟁을 벌이는 공간이 되었다. 이 중간층은 우리가 주도권을 쥐면 세상이 바뀔 것이라는 오만함, 우리가 아래층 사람들을 잘 돌봐주면 된다는 선민의식과 시혜의식을 가지고 신분피라미드의 존재를 인정했다. 학벌도 사회에서 인정되는 능력도 없는 맨 아래층 사람들의 처지는 점점 더 벼랑 끝으로 내몰렸다.

3   능력으로 포장된
신분피라미드

박근혜 대통령 탄핵으로 이어진 최순실 사건, 어떻게 보면 이 사건의 도화선은 최순실의 딸 정유라였다. 정유라가 SNS에 쓴 "돈도 실력이야. 능력 없으면 니네 부모 원망해"라는 말은 판도라의 상자를 열었다. 모르고 있었다면 놀랄 텐데, 알고 있었는데 힘을 가진 자의 입에서 그 진실이 폭로되니 분노의 불이 붙은 셈이다.

그런데 이런 불공정은 정유라만의 문제일까? 많은 사람들이 대학 입학을 성적순으로 결정하면 공정하다고 생각하지만, 실제로 학생들의 성적은 부모의 경제력과 밀접한 관계를 가진다. 당사자 개인의 능력이 아니라 부모의 능력이 더 영향을 미친다. 조귀동은 《세습 중산층 사회》에서 "'부모의 사회경제적 지위 → 자녀의 대학 진학 → 전문직 또는 괜찮은 일자리'로 이어지는 교육을 통한 계층 세습과 그 과정에서 나타나는 격차는 자녀가 중학교에 다닐 때 이미 모습을 드러낸다"고 지적하며 "노력은 실력이 아니다. 계층이다"라고 주장한다.

　이것이 새로운 이야기는 아니다. 김윤태는 〈프레시안〉 2017년 8월 16일 칼럼에서 "부모 세대의 부와 소득에 따라 자녀들이 상이한 기회를 가지면서 사회적 대물림이 제도화된다. 이는 순수한 능력주의의 외피를 쓴 채 세습주의의 현실을 가리고 있는 것이다. 자유시장의 힘으로 사회의 평등이 충분히 보장되기 어렵다. 순수한 능력주의로 인해 성공한 개인이 축적한 부가 재분배되지 않고 다음 세대에 고스란히 상속되어 신분 세습이 일어난다면 불평등은 더욱 커질 것이다. 재벌 2세, 3세가 명문 대학을 졸업하고 해외 비즈니스스쿨을 마친 후 아버지의 회사에서 경영 수업을 받고 다른 사람들보다 능력이 뛰어나다면 공정한 경쟁이라고 할 수 있을까? 학벌과 경력이 만든 능력주의는 부자의 세습을 정당화할 뿐이다"라고 주장했다.•

경쟁을 무의미하게 만드는 것들

간간이 능력주의 문제를 지적하는 목소리가 나오고 있지만 한국의 현실은 더욱더 능력을 강요한다. 학교현장만이 아니다. 공중파와 케이블방송에서는 수많은 오디션 프로그램이 진행되고,

• https://www.pressian.com/pages/articles/165656?no=165656

능력이나 실력만큼 노력을 강조한다. 하지만 〈프로듀스 101〉 순위조작 사건으로 관련 PD와 연예기획사 관련자들이 처벌을 받았듯이, 실제로는 청탁과 거래가 오간다. 가요 프로그램이나 음원 순위조작사건들이 계속 터지는 이유도 마찬가지다. 순위가 올라야 그동안의 노력을 보상받을 수 있으니 물불 가릴 이유가 없다. 오디션이 강조되는 연예계에서만 일어나는 일일까?

스티븐 J. 맥나미와 로버트 K. 밀러 주니어는 《능력주의는 허구다》에서 개인의 "능력적 요인에는 개인의 타고난 재능, 능력, 근면성실함, 올바른 태도, 높은 도덕성, 이상적인 자질 등이 포함되고, 비능력적 요인에는 부모의 경제적 자원과 가족의 계층 배경, 부의 세습, 특권의 대물림, 우수한 교육, 사회적 자본과 문화적 자본, 행운, 차별적 특혜, 태어난 시기, 시대적 및 사회적 상황 같은 요인 등이 포함된다"고 본다. 조귀동이나 김윤태와 비슷하게 저자들은 "부모 세대는 '무형의 상속'이라는 형태로 자녀 세대에게 '교육이라는 유산'을 물려줄 수 있다"고 지적한다. 저자들은 이 무형의 자산에서 교육과 함께 중요한 것이 '사회적 자본'과 '문화적 자본'이라고 말한다. 사회적 자본은 "학교, 직장, 비즈니스 등에서 기회에 접근하는 데 도움이 되는 개인적인 인맥과 가족의 인맥", 즉 "누구를 알고 있느냐가 아니라 '어떤 위치'에 있는 사람을 알고 있느냐"에 관한 인맥이고, 문화적 자본은 "자신이 속해 있는 집단의 구성원으로 온전히 인정받기 위해 알아야만 하는 모든 것, 즉 그 집단의 규범과 가치관, 신념, 스타일, 매너, 학위,

여가활동, 라이프스타일 등에 대한 지식"이다. 교육과 달리 이 사회적 자본과 문화적 자본은 꾸준한 학습이 아니라 반복되는 일상에서 체득되는 것이기에 평등하게 분배될 수 없는 자원이다. 물질적이고 경제적인 유산만이 아니라 이런 무형의 상속도 경쟁을 무의미하게 만든다. 그래서 저자들은 다음과 같이 단언한다.

근면성실함은 중요하긴 하지만 보상의 측면에서 보면 '무엇을 하는가'가 얼마나 열심히 하는가보다 훨씬 더 중요하다. 성공을 위한 한 가지 요인으로 사람들이 근면성실함을 꼽을 때 그것이 실제로 의미하는 것은 다른 요인, 특히 개인적인 능력보다는 사회적 배경과 관련이 있는 두 가지 요인, 즉 기회와 습득한 기량이 결합된 근면성실함이다.

사전을 씹어 먹으며 공부해도 이제는 좋은 대학에 갈 수 없는데도 여전히 인내와 극기, 이런 말들이 쓰이는 건 신분피라미드를 감추기 위해서다. 한국만큼 이런 세습과 상속의 끝판왕인 나라도 없다. 포털사이트에 들어가 '현대판 음서제도'라는 키워드를 넣고 검색해보라. 무수히 많은 언론 기사와 블로그 글이 뜬다. 나라에 공을 세운 공신이나 5품 이상 고위직의 자손, 친척 등을 관리로 채용하는 제도였던 불공정한 음서제도가 현대에도 버젓이 살아 있다. 단골 메뉴는 '채용비리'다. 청년실업이 극심한 시대에 누군가의 자식이나 친척, 지인들은 유력한 위치의 사람들을 알기 때문에 손쉽게 좋은 일자리를 낚아챈다.

강원랜드 채용비리 사건의 전모와 결말

강원랜드 채용비리 사건은 소위 좋은 일자리로 불리는 공공기관 일자리 대부분이 부정한 방식으로 분배(!)된다는 것을 폭로했다. 2018년 3월 19일에 산업통상자원부가 배포한 보도자료 "강원랜드 부정합격자 226명 전원 점수조작 확인"에 따르면, 2013년 선발 과정에서 총 5268명이 응시해 518명이 최종 선발되었는데, 498명이 청탁 리스트에 의해 관리된 합격이고, 이중 226명은 서류전형과 인·적성평가 등 각 전형 단계마다 점수조작으로 부정합격처리된 사람들이다. 애당초 합격될 리가 없었던 4770명은 부정한 채용의 들러리만 된 셈이다.

　산업통상자원부는 본인 청탁, 가족·친인척 청탁, 국회의원실 청탁, 강원랜드 임직원 청탁 등 점수조작 부정합격자를 위한 광범위한 부정청탁 사실과 정황을 다수 확인했다고 발표했다. 1, 2차 선발에서 벌어진 부조리는 다음 표(60쪽)와 같다.

　그리고 강원랜드 워터월드 수질·환경 분야 전문가를 채용할 때 국회의원 비서관이 자신의 이력서를 강원랜드 사장에게 직접 전달했고, 이에 따라 강원랜드는 비서관 출신이 유리하도록 자격요건에 비서관이 소지한 폐기물처리산업기사 자격증을 추가

구분	선발 인원	부정청탁 선발	점수조작 부정합격 (현 재직자)
1차	320	295	151 (117)
2차	198	198	120 (108)
합계	518	493	271 (225)

하고 우대사항에 불과였던 건설안전기사 자격증을 필수로 전환하는 등 채용조건을 변경했다. 그래서 이 비서관은 응시자 33명 중 1위로 합격했다. 역시나 32명은 이 한 명이 뽑히는 과정을 연출한 들러리가 되었다.

그런데 정말 어이없게도 공공기관 채용비리 사건 중 가장 큰 규모였던 이 사건으로 처벌받은 수는 매우 적다. 이 채용비리 사건으로 처벌받은 사람은 최흥집 전 강원랜드 사장 징역 3년, 인사팀장 징역 1년, 기획조정실장 징역 10월, 중간에서 채용청탁을 이어주고 돈을 받은 이는 벌금 500만 원, 염동열 전 국회의원 징역 1년이다. 비서관을 청탁한 권성동 의원은 1심과 2심에서 무죄를 선고받았다.

2019년 6월 24일에 1심 무죄선고를 한 뒤 서울중앙지방법원 제22부 형사부가 배포한 설명자료는 "절차상으로나 내용상으로나 중대한 하자가 존재"하지만 "채용을 요구한 사실이 인정된다고 하더라도 피고인 권성동이 공동정범으로서 최흥집과 업무방해 범행을 공모하였음이 법관으로 하여금 합리적인 의심을 배제할 정도로 증명되었다고 보기도 어려움", "피고인 권성동이 국회의원으로서 직접적인 직무 관련성이 있는 개별소비세 개정안 및 워터월드 조성사업 감사와 관련한 최흥집의 청탁을 받고 승낙한 사실은 인정되나, 그러한 강원랜드 현안에 대한 청탁이 부정한 청탁에 해당된다거나, 그 청탁의 대가로 최흥집이 김○태를 부정하게 채용하였다고 평가하기는 어려움", 사외이사 선임과도 관련해 "산업통상자원부 담당 공무원들의 위와 같은 지도·감독권 행사가 직권남용권리행사방해죄를 구성한다고 하더라도 피고인 권성동이 공동정범으로서 산업통상자원부 담당 공무원들과 직권남용권리행사방해죄를 공모하였다고 보기는 어려움"이라고 설명했다. 자기 비서관을 수질·환경 전문가로 채용하게 하고 자기 고교 동창을 사외이사로 선임하도록 압력을 넣은 사건인데, 공모하지 않았다면 대체 그 사람들은 왜, 어떻게 채용되었을까?

어이없게도 2심 재판부도 "검사가 법관의 합리적 의심을 배제할 정도로 증명하지 못했다"며 무죄를 선고했다. 대한민국 판사들은 어떤 존재이기에 자신의 의심을 배제하지 못하면 중대한 하자가 있어도 유죄를 선고하지 않을까? 심지어 이 사건과 관련해 2018년 2월 사건을 담당했던 안미현 검사가 수사과정에서 외압이 있었다고 폭로하기도 했다. 그렇다면 검찰이 제대로 조사하지 못하게 해놓고 재판부는 그걸 빌미 삼아 무죄를 선고한 것이라고 시민들은 합리적으로 의심할 수밖에 없다. 권성동 의원이 검사 출신 국회의원이라는 점도 이런 판결과 무관하지 않을 것이다. 공공기관 최대의 채용비리 사건은 법원의 이런 판결로 점점 묻히고 있다. 그러니 다시 이런 비리가 반복되지 않을 거라고 누가 장담할 수 있을까?

채용비리는 정말 사라질 수 있을까

강원랜드 채용비리 사건이 터지자 중앙정부는 부랴부랴 275개 공공기관, 659개 지방 공공기관, 256개 기타 공직 유관단체의 과거 5년간 채용 전반에 대해 특별 점검을 실시했다. 그리고 그 결과를 2018년 1월 29일에 발표했다. 놀랍게도 총 1190개 기관·단체 중 946개 기관과 단체에서 총 4788건의 지적사항이 드러났다. 이중 불과 83건이 수사 의뢰되었고, 255건에 대해 징계

		대상 기관 수	점검 기관 수	적발 기관 수	적발 건수	주요 처리계획			
						수사 의뢰	징계 문책	주의 경고	개선 기타 등
특별점검	공공기관	330	275	257	2,311	47	123	1,210	931
	지방 공공기관	824	659	489	1,488	26	90	909	463
	기타 공직 유관단체	272	256	200	989	10	42	295	642
채용비리 신고센터		-	-	-	-	26*	-	-	-
합계		1,426	1,190	946	4,788	109	255	2,414	2,036

와 문책이 요구되었다. 수사나 징계 대상에 포함된 현직 임원이 무려 197명이었고, 기관장도 8명이나 되었다.

　이런 광범위한 비리에 대한 정부의 대책은 어떻게 나왔을까? 첫째, 채용비리 관련자는 무관용 원칙으로 '원-스트라이크 아웃'을 제도화하겠다. 둘째, 공공기관 상시 감독 및 신고체계를 구축하여 채용비리 사전예방 및 재발 방지에 만전을 기하겠다. 셋째, 채용계획부터 서류-필기-면접 전형 등 모든 채용과정을 대외 공개하여 투명하게 운영하겠다. 당연히 지켜져야 할 원칙들이 나열되었을 뿐 청탁에 의한 비리를 막을 강력한 처벌에 관한 이야기는 없다. 정말 비리는 사라질 수 있을까?

　공공기관에서만 비리가 발생하는 것도 아니다. 2018년 1월 26일 금융감독원이 배포한 보도자료에 따르면, 11개 국내 은행을 대상으로 채용비리를 조사한 결과 22건의 채용비리 정황이 포착되었다. 채용청탁에 따른 특혜채용(9건) 및 특정 대학 출신을 합격시키기 위한 면접점수 조작(7건), 채용전형의 불공정한 운영(6건)이 그 내용이다. 이와 함께 채용절차 운영상의 미흡 사례도 적발되었는데, 비(非)블라인드 채용제도 운영(3개 은행), 임직원 자녀 등에 대한 채용 혜택 부여(2개 은행), 채용 평가기준 불명확(4개 은행), 전문계약직 채용에 대한 내부 통제 미흡(2개 은행) 등이다. 그중 채용청탁에 대한 내용을 보자.

- 사외이사 지인 등에 대해서는 필기전형, 1차 면접 등에서

최하위권임에도 전형 공고에 없던 '글로벌 우대' 사유로 통과시킨 후 임원면접 점수도 임의 조정하여 최종 합격.

- 前 계열사 경영진의 지인, 주요 거래처, 前 지점장의 자녀들에 대해서는 면접 점수가 불합격권이었으나 이를 임의 조정하여 합격 처리.

노력, 노오력해도 부모의 능력이 없거나 아는 사람이 없으면 금융계의 일자리를 구하기 어렵다. 역시 인간관계가 최고다.

채용비리로 규정된 사건만이 아니다. 채용절차 운영상의 미흡 사례도 실제로는 문제다.

- 실무자 면접 전 개별면담(pre-interview)을 실시하여 개인 신상정보를 파악, 최종면접 위원 및 은행장에게 보고.
- 공개채용 필기시험에서 임직원 자녀에 가산점(15%) 부여 (내규에 명시).
- 채용 추천 대상자에 대해 임의로 서류전형 통과 혜택 부여.

누가 면접을 보고 어떤 배경을 가졌는지 심사위원들이 미리 다 알고, 특정 지원자에게만 가산점이 부여된다면, 시험이나 면접은 대체 왜 하는 걸까? 들러리가 필요해서?

그렇다면 금융권의 대책은 어떻게 마련되었을까? 금융감독원은 "은행별 모범 사례 및 검사 결과 미흡 사항 등을 토대로 전국은행연합회를 중심으로 채용절차 관련 Best Practice 마련 추진"이라고만 밝혔다. 이후 보도자료를 보면, 금융감독원은 모범 규준을 마련해 블라인드 채용방식 도입, 면접 시 외부 전문가 참여 등 세부 사항을 각 금융업권별 특수성을 감안하여 차별적으로 도입할 예정이라고 밝혔다. 이것도 지극히 당연한 기준을 나열했을 뿐 이미 고착된 비리를 없앨 방법이라고 보기는 어렵다. 심지어 은행이 자율적으로 도입한다니 말이다.

은행만이 아니다. 대학의 기관도 출신 대학에 따라 차별해서 직원을 뽑았다. 2020년 7월 14일 교육부가 발표한 "학교법인 연세대학교 및 연세대학교 종합감사 결과 공개"에 따르면, 연세대학교 의료원은 2016년 7월부터 2019년 4월까지 15개 직종, 67회에 걸친 정규직 채용 시 "○○학원에서 발행한 수능배치표상 각 대학의 최상위학과 점수를 기준으로 대학 순위표(206개 4년제 대학, 캠퍼스 포함)를 작성하고 그에 따라 지원자 408명에 대한 서류심사를 실시하면서 출신 대학에 따라 5개 등급(A-E등급)으로 구분하여 최고 80점에서 최저 50점까지 차등점수를 부여"했다. 그리고 2017년 3월 22일 "사무직 5-6명을 채용한다는 계획을 수립함에 있어, 서류심사와 1, 2차 면접심사 등 각 전형 단계별 합격 인원을 사전에 확정하지 않은 채, 인사부서에서 임의로 정한 서류전형 기준에 따라 평가 후 서류심사 합격자 84명, 1차 면접심사 합격자 27명을 결정한 후 2017년 6월 7일 최종 합격 인원을 8명으로 결정"했다. 또 대학원 신입생을 뽑을 때도 서류심사에서 학점이 낮고 전공이 다른 특정인에게 만점을 주고 구술시험에서도 만점을 주어 합격시켰다. 이 외에도 자식들에게 자기 과목을 수강하게 하고 집에서 문제를 주고 답을 받아 A+를 준 교수, 자식이나 배우자를 프로젝트에 연구원으로 참여시켜 인건비를 지급한 교수도 적발되었다. 아는 관계가 통용되지 않는 곳이 없다.

결국 처벌의지가 관건이다

2020년 9월 21일에 발표된 교육부의 고려대 의대 감사에서도 출신 대학에 따른 차별이 적발되었다. 이런 상황에서 시험이나 공채는 무슨 의미가 있을까? 아예 시험이나 공채가 없다면 거기에 목매는 청년들도 없을 텐데, 이것은 희망고문이다. 아니, 쓸모 있는 관계를 가진 사람들과 그런 관계를 가지지 못한 사람들은 완전히 다른 세계를 살고 있다. 이런데도 한국이 과연 하나의 나라일까?

2019년 11월 8일 고용노동부장관은 청와대에서 열린 '제5차 공정사회를 향한 반부패정책협의회'에서 "공공 부문 공정채용 확립 및 민간 확산 방안"을 발표했다. 이 방안은 크게 네 가지로, ①공공 부문의 채용비리 방지 장치를 강화한다, ②공공 부문에 능력 중심 채용원칙이 안착되도록 지원한다, ③공공기관과 관련된 정부 공정채용 추진 체계를 정비한다, ④공정채용 제도와 문화의 민간 확산을 지원한다, 가 주된 내용이다. 이를 위해 매년 신규 채용자를 대상으로 친인척 관계 및 비리 여부를 확인하는 등 사후검증을 하고, 불공정 채용에 대한 불이익 강화, 채용비리 신고센터 활성화, 블라인드 채용 모니터링 확대, 채용전형 정보 공개 강화 등이 시행된다.

하지만 역시나 그 어디에도 강력한 처벌의 의지는 보이지 않는다. 2018년 6월 스위스의 은행 크레딧스위스(CS)가 미국 법무부에 약 500억 원의 벌금을 내고 형사절차를 면제받았다. 크레딧스위스가 2007년부터 2013년까지 중국의 고위공직자 자녀들을 선임 매니저로 추천하거나 승진시켰다는 이유 때문이었다. 미국 정부는 미국 국적 회사도 아닌데 미국 증권시장 상장사라는 이유로 '해외부패방지법'(Foreign Corrupt Practices Act)을 적용해 500억 원이라는 어마어마한 벌금을 부과했다. 이 정도 처벌을 받으면 채용비리를 시도할 마음이 나지 않을 것이다. 이에 비교하면 한국은 정말 솜방망이 처벌이다.

한국에도 법은 있다. 2005년 7월부터 "부패의 발생을 예방함과 동시에 부패행위를 효율적으로 규제함으로써 청렴한 공직 및 사회 풍토의 확립에 이바지함을 그 목적으로" 삼는 부패방지법이 시행되고 있지만 그러나 그 효과는 미지수다. 부패방지법은 공공기관과 공직자의 부패행위, 즉 '공직자가 직무와 관련하여 그 지위 또는 권한을 남용하거나 법령을 위반하여 자기 또는 제3자의 이익을 도모하는 행위', '공공기관의 예산 사용, 공공기관 재산의 취득·관리·처분 또는 공공기관을 당사자로 하는 계약의 체결 및 그 이행에 있어서 법령에 위반하여 공공기관에 대하여 재산상 손해를 가하는 행위', '앞서의 행위나 그 은폐를 강요, 권고, 제의, 유인하는 행위'를 방지하는 것을 목적으로 삼는다. 이를 위해 국가청렴위원회를 두고 실태조사와 부패방지시책 수립 및 추진 등을 맡겼다. 그런데도 공공기관의 채용비리는 끊이지 않았다. 이유는 간단하다. 아무도 처벌받지 않거나 솜방망이 처벌을 받은 후 나중엔 보상을 받으니까. 깃털만 건드리고 몸통은 건드리지 않으니까.

2020년 7월부터 시행되는 "고위공직자범죄수사처 설치 및 운영에 관한 법률"은 고위공직자나 가족의 범인 은닉과 친족간의 특례, 위증, 뇌물공여, 배임, 증거인멸, 무고 등을 처벌하기 위한 법이다. 부패방지법이 실효성이 없으니 고위공직자비리수사처를 별도로 두려는 것인데, 기구만 계속 만든다고 신분피라미드가 무너질지는 의문이다. 왜냐하면 신분구조는 비리나 부패만이 아니라 우리의 일상 깊숙이 뿌리내려 있기 때문이다.

따라서 새로운 제도들을 탑처럼 쌓는다고 해서 비리가 사라지는 것은 아니다. 비리도 능력이 되는 사회에서 어떻게 부정부패가 사라질 수 있을까? 단 한 건의 비리라도 제대로 처벌이 이루어지고 비리가 발생하는 원인을 구조적으로 제거해야 한다.

신분피라미드를 무너뜨리지 않고서는 이런 문제를 근원적으로 해결하기 어렵다. 다층적인 피라미드를 한 번에 무너뜨리자는 건 아니다. 다만 그 층층이 쌓인 신분구조를 확인하고 하나씩 해체하는 노력이 중요하고 필요하다.

2장

공간의 신분화

농촌과 지방은
왜 소멸의 대상인가

코비드19가 본격화되기 전인 2020년 2월에 〈시사저널〉은 "수도권-비수도권, 두 개의 대한민국"이란 기사를 발행했다. 이 기사는 이렇게 시작한다. "대한민국은 둘로 나뉜다. 서울을 중심으로 한 수도권과 이를 제외한 지방 비수도권이다. 같은 한반도에 위치해 있지만 처한 상황은 확연히 다르다. 사람과 기업과 돈이 모두 수도권에 집중돼 있다. 국토의 12% 남짓한 수도권의 등록 인구와 활동 기업, GRDP(지역내총생산)와 지방세 규모가 전국의 절반을 넘어선다." 문제는 이 격차가 계속 벌어지고 있다는 점이다. 왜 그럴까? 이 기사는 국토연구원 책임연구원의 말을 빌어 "일자리 부족→ 청년층 유출→ 저출산·고령화→ 상품·서비스 수요 감소→ 상점·공장 폐쇄→ 일자리 부족'이 되풀이된다"는 점에서 그 원인을 짚었다. 그러면서 국토의 균형발전이라는 모범답안을 제시한다.

그러나 정말 그럴까? 다른 나라라고 해서 지역 간 격차가 없는 것은 아니지만 유독 한국 사회에서 수도권과 비수도권의 격차가 심화되고 있는 것은 이미 오래된 이야기다. 수도권 초집중을 막기 위해 균형발전 이야기가 나온 지 20년 이상 흘렀지만 격차는 외려 심화되고 있다. 문재인 정부의 신도시 3기 계획이나 개발정책은 수도권 중심의 발전전략을 포기하지 않으면서도 분권형 국가를 만들겠다는 모순된 태도를 보여준다. 이른바 '서울공화국'은 진보, 보수와 상관없이 모든 정권의 공통점이었다.

그런 점에서 강준만 교수는 지방의 현주소를 '내부 식민지'라고 부른다. 단순히 수도권이 비수도권보다 많은 자원을 가졌다는 차원을 넘어 수도권이 비수도권을 착취하는 상황이다. 또한 비수도권의 시민은 그곳에 산다는 이유만으로 이등시민으로 전락한다. 이등시민이니 교육과 취업에서 불리하고 지역 소식은 뉴스에서도 단신으로만 다뤄진다. 이종수의 논문 "지역 간 임금 격차에 대한 고찰: 수도권·비수도권을 중심으로"에 따르면, 2015년 임금근로자의 임금을 비교해봤을 때 월평균 임금은 서울이 약 466.52만 원으로 가장 높았고 가장 낮은 곳은 충북으로 약 207.59만 원으로 서울과 258.93만 원의 차이를 보였다. 수도권의 월평균 임금 평균은 327.38만 원이고 비수도권의 월평균 임금 평균은 244.98만 원으로 수도권과 비수도권의 임금 격차는 82.4만 원이나 된다. 소외되는 것도 힘든데 실질적인 차별을 받으니 비수도권을 떠나지 못하는 사람은 패배자가 된다. 강준만은 이를 '지방모멸'이라 표현한다. 비수도권, 농촌에 산다는 것은 무능함으로 치부된다. 실제로 비수도권, 농촌에 사는 것은 경제적 자본만이 아니라 사회적 자본과 문화적 자본으로부터 멀어지는 일이다.

억울하면 수도권으로 진입해 일등시민이 되라는 의미일까? 그러나 수도권의 높은 부동산 가격은 이등시민의 입성을 가로막는 '무형의 성벽'이다. 나올 수는 있어도 들어가긴 어렵다. 그러니 수도권에 사는 것 자체가 능력이다.

그런데 원래 수도권의 힘이 이렇게 강했을까? 비수도권은 수도권의 지원을 받아야만 살아남을 수 있는 의존적인 곳일까? 심지어 일본 〈마스다 보고서〉의 '지방소멸론'이 국내에 수입된 뒤 비수도권은 '소멸 예정지'로 전락했다. 한국고용정보원은 소멸 위험지역이 228개 지자체 중 100개가 넘을 거라는 협박(?)을 일삼는다. 그러나 이 지방소멸지수는 지역의 65세 이상 인구 대비 20-39세 여성 인구의 비율로 계산된 것이라서 고령화된 농촌이 있는 비수도권은 달리 방법이 없다. 그런데도 중앙정부는 능력을 키워 청년들을 유치하라며 자꾸 등을 떠민다.

이상림 등은 〈지역 인구 공동화 전망과 정책적 함의〉(한국보건사회연구원, 2018)에서 "일본과는 달리 전체 인구에서 '에코붐 세대'(베이비부머의 자녀 세대로 1979-1993년에 태어난 세대)의 비율이 매우 낮고, 인구구조 변동의 속도가 더 빠른 우리나라에서는 그 위험성을 기계적으로 과대 추정하게 된다"고 문제를 지적한다. 그리고 사실 사람이 살고 있는 곳을 소멸 예정지라고 부르는 것은 주민이 살고 있는 곳을 '철거 예정지'

라 부르는 것과 다르지 않다. 공터라 불리는 곳에 많은 생명이 살고 있듯이, 사람과 생명이 사는 곳은 소멸되지 않는다.

또한 지방소멸론은 비수도권 내의 불평등을 은폐한다. 비수도권 내 광역시나 대도시들은 '작은 수도권'이라 불릴 정도로 인구는 물론 교육과 문화, 경제 등에서 주요한 사회자원을 빨아들이고 있다. 즉 수도권/비수도권의 틀로 설명되지 않는 도시/농촌의 문제도 존재한다. 농정(農政)이 없는 나라에 사는 농민들은 스스로를 '열외국민' '이등국민'으로 부른 지 오래다. 왜 농촌에 산다는 이유만으로 열패감을 느껴야 할까?

1 열외국민이 된 농민

한국의 농업은 경제성장을 위한 희생양이었다. 2018년 12월 12일 전국농민회총연맹 소속 농민들이 더불어민주당 이해찬 대표 의원실을 점거했을 때의 구호는 "밥 한 공기 300원, 쌀 목표가격 24만 원 쟁취"였다. 밥 한 공기(100그램) 값이 300원은 되어야 하고, 그러면 쌀 80kg 한 가마의 가격도 24만 원은 되어야 한다는 요구였다(당시 정부 여당은 쌀 한 가마 가격을 20만 원 밑으로 잡고 있었다). 1996년의 쌀 한 가마 가격이 평균 13만 6713원이었으니 다른 물가상승률을 따지면 쌀값은 오히려 내려간 셈이다(자장면 가격은 1997년 2500원에서 2017년 5000원으로 두 배가 되었다). 생각해보니 식당의 밥값은 올랐어도 공기밥 가격은 거의 오르지 않았다. 무슨 비결이 있기에 쌀값은 이렇게 싼 걸까?

경제성장을 위한 저임금, 저곡가 정책

쌀 가격이 낮은 이유는 쌀 수입과 쌀 소비량의 빠른 감소 탓도 있지만, 기본적으로 정부의 정책 탓이 크다. 한국 정부는 경제성장을 위해 '저임금, 저곡가' 정책을 고수해왔기 때문이다. 박현채는 《한국경제구조론》(일월서각, 1986)에서 이런 정책의 폭력성을 지적한다. "자본의 요구에 좇아 정치권력은 ①국가 개입에 의한 농업의 불균등 파악(재정, 금융상의 모든 정책에서 농업에 불이익), ②저농산물 가격 정책의 강행, ③공산품의 독점가격 실현, ④값싼 외국산 농산물의 수입 등으로 농업의 궁핍화를 촉진해왔다. 한국 농업에서 녹색혁명이 정착되지 못한 것은 바로 그 귀결이다." 그래서 박현채는 "농업문제는 단순한 경제문제만은 아니다. 그것은 농민적 요구의 정치권력에의 참여, 국가 의지에로의 전화의 문제이다"라고 주장한다. 농업이 쇠퇴한 데 정치의 책임이 크다는 얘기다.

한국전쟁 이후 한국은 중화학공업 중심의 수출전략을 취했고, 이를 위해 두 가지 조건이 필요했다. 제조업에 투입될 노동자와 그 노동자들이 낮은 임금으로도 구매할 수 있는 농산물. 이 두 조건은 농촌의 붕괴로만 가능했다. 농림축산식품부의 통계에 따르면, 1970년 전체 인구의 44.7%를 차지했던 1442만 명의 농가인구는 1980년에 1082만 명(전체 인구의 27.4%), 1990년 666만 명(전체 인구의 15.5%), 2000년 403만 명(전체 인구의 8.6%), 2019년

224만 명(전체 인구의 4.3%)으로 빠르게 줄어들었다. 1970년에서 2000년, 30년 사이에 농가 인구는 1039만 명이 줄었고, 이들은 도시로 유입되었다. 산업화를 위해 한국의 농촌은 희생되었다.

이런 변화에 대응해 농민들은 아무런 노력도 하지 않았을까? 박현채는 《한국경제와 농업》(까치, 1983)에서 한국 농업의 변화를 네 가지 요소로 정리한다. ①상업적 농업의 광범한 전개, ②기계화의 진전, ③노동력의 광범한 이출과 상대적인 노동력 부족, ④화폐경제의 광범한 침투이다. 박현채는 《한국경제구조론》에서 이 과정을 좀 더 세밀하게 분석하는데, 한국 자본주의는 농업에 두 가지 상호 모순되는 영향을 미쳤다고 본다. 한편으로는 상품경제가 농업에 침투해 농민층을 와해하고 분화를 촉진했다. 농산물이 상품화되고 농업용 장비가 늘어나며 농업은 상품경제에 점점 더 의존하게 되었고, 그러면서 그 속도와 규모를 맞추지 못하는 농민들은 도시로 나가 산업노동자가 되었다. 다른 한편으로는 정부가 농산물의 가격을 낮게 묶어두면서 농민은 부를 축적하지 못하고 작은 규모의 농가로만 남게 되었다. 열심히 농사를 지어도 남는 돈이 없으면 재투자를 할 수 없어서 농민은 규모를 늘릴 수 없다. 근근이 먹고 사는 가족 단위의 농가가 유지되며 한국 농업은 발전의 기회를 잃어버렸고, 농업은 더욱더 고된 일이 되었다. 박현채는 이런 모순된 영향이 이농 현상을 자극하는 한편 농촌에 남은 농민들의 생활을 더욱 열악하게 만들었다고 분석한다.

박현채는 이를 국민경제의 이중성과 불균형이라 불렀다. 농업과 산업, 도시와 농촌이 균형을 맞추며 함께 성장해야 하는데, 한국의 경제는 그러지 못했다. 그리고 이런 이중성과 불균형을 자극한 것은 다른 아닌 원조경제와 해방 후의 일제 자산, 외국 자본 등을 통해 특정 산업 부문을 육성해온 '관료자본'이다. 특히 박현채는 이런 관료자본이 민족자본을 형성하지 않고 경제적 잉여를 해외로 내보내는 매판적 성격을 가졌으며 독과점 기업을 육성했다고 비판했다.

산업발전을 위한 국가와 재벌들의 결탁

브루스 커밍스(Bruce Cumings)도 《브루스 커밍스의 한국현대사》(*Korea's place in the sun: a modern history*, 창비)에서 비슷한 이야기를 생생하게 전한다.

거래의 내막은 이렇다. 이를테면 일본의 한 은행이 12인치 흑백 텔레비전을 만드는 자금으로 당신한테 시세보다 낮은 금리로 1천만 달러를 빌려주도록 내가 주선을 하고 은행에 대여금 상환을 보장한다. 나는 우리의 자유무역지대의 한 부지를 당신한테 떼어주고, 당신 공장까지 이르는 도로를 건설해주고, 우대금리로 에너지와 전기를 공급하고, 당신이 건물을 짓도록 미국의 잉여 시멘트를 챙겨준다. 나는 시장과 기술과 유통채널을 확보하고 있는 외국 회사를 찾아서 당신의 텔레비전을 미국의 어느 곳에서나 심지어 식료품가게에서도 팔 수 있게 해준다. 나는 교육과 훈련을 받은 노동력을 정해진 가격(역시 시세보다 훨씬 싼 가격)으로 지속적으로 공급할 것을 보장하고 노동조합을 불법화하고 노동현장에서 위험스런 결사체들이 출현할 때에는 언제나 군대를 보내준다. 나는 당신이 몇 개의 기업과 경쟁해야 할지를 결정하며, 당신의 연간 생산목표액을 정해주고 (초과달성 시에 보너스를 주겠다는 약속과 아울러) 당신들 모두가 성장할 수 있는 여지가 있도록 확실히 배려한다(당신이 내 처남이다 뭐다 하는 사실은 거론할 필요도 없다).…한국의 재벌들은 남한에 거대한 가족경영의 세습 기업영지를 세우고 그것을 자본주의라고 불렀다. 따라서 한국의 개혁가들에게는 이 재벌체제 내에서 개혁을 추진하는 것 외에, 즉 이런 기업들과 국가, 그리고 거대 은행들 사이의 연계를 끊는 데 집중하는 것 외에 달리 대안이 없었다.

이렇게 국가가 재벌들과 결탁해 산업을 키웠고, 저항하지 않을 노동력이 필요했기 때문에 농업은 체계적으로 희생되었다. 그럼에도 농촌은 유지되어야 하니 농업은 딱 그 삶을 유지할 수 있을 정도만 지원을 받았다. 그 결과 지금 농민은 이등시민, 열외시민으로 전락해버렸다.

그래도 농민이 자본주의에 열심히 적응하고 국가에 충성했으면 현실이 달라졌을까? 자본가의 세계관을 배우고 상업화된 농업을 만들었으면 다른 길을 갈 수 있었을까? 하지만 농민의 세계관은 산업의 세계관과 완전히 달랐다. 사회학자 제임스 스콧(James Scott)은 《농민의 도덕경제》(*The Moral Economy of the Peasant*, 아카넷)에서 "농민에게 있어서의 기준은 '얼마나 가져가는가'보다 '얼마가 남는가'일 가능성이 더 크다"고 말한다. 즉 농민의 세계관은 수입을 최대한 높이는 것보다 지금 쓸 것과 내년에 농사지을 것을 남겨놓는 것을 중요하게 여긴다. 농민에게는 경제적인 이윤보다 "생계의 안정성과 안전성"이 중요했다. 갑작스러운 자연재해나 사고에 대비하기 위해 농민에게는 호혜성을 보장하는 도덕경제가 중요했다. 도덕경제에서는 공동체의 구성원들이 기본적인 사회적 권리로 '생계에 대한 권리'를 요구할 수 있었고, 엘리트들조차도 가난한 사람들이 최소한의 생활을 위해 남겨둔 것을 빼앗지 못했고, 오히려 어려운 시기에는 가난한 이들의 생계에 관한 '도덕적인 의무'를 졌다. 한국에서도 가뭄이나 홍수가 오면 양반이나 지주들이 자기 집 곳간을 열었다는 이야기가 있는데, 이는 농민들의 도덕경제가 작동했음을 알려준다.

경제가 다른 모든 가치를 집어삼킨 지금과 달리 농민 공동체에서는 경제가 자신의 고유한 기준을 가지지 않고 일상적 도덕이나 사회적 교환의 원리에 따랐다. 그러나 도시화된 농촌에서는 더 이상 이런 도덕경제가 자리 잡기 어려웠다. 토지와 노동은 상품이 되었고, 마을의 도덕을 유지시켜주던 공유지는 사라졌다. 자연히 농민의 세계관도 시대에 뒤떨어진 것으로 폄하되었다.

마땅히 보장되어야 할 농민의 권리

사실 농업은 빠른 속도로 산업화되는 것이 불가능하다. 윤병선은 《농업과 먹거리의 정치경제학》(울력, 2015)에서 농업생산의 특성을 다섯 가지로 정리한다. ①동식물이 성장해야 하기에 생산기간이 길고 자본회전율이 낮으며 계절의 영향을 많이 받는다. 그래서 때에 따라 필요한 노동력의 규모가 다르다. ②노동기간과 생산기간이 일치하지 않고 보통 노동기간이 생산기간보다 짧다. ③자본과 노동이 토지를 개량할 수 있지만 토지를 만드는 건 불가능하다. 그래서 토지의 조건에 따라 생산량이 다르고 자기 땅이 아닐 경우 땅값을 지불해야 해서 이윤이 생산과정에 재투자되지 못한다. ④땅을 쓰면 쓸수록 지력이 약해져서 수확이 줄어든다. ⑤자본주의가 발전할수록 농업인구는 감소한다.

기계화는 노동력의 부족을 해결할 방법이지만 그만한 규모의 땅이 있어야 하고 돈이 많이 든다. 비료는 생산량을 일정 정도 유지시키지만 토질을 회복시키진 못한다. 그런 점에서 농업은 대량생산, 대량소비라는 근대의 생산양식과 맞지 않는다. 그러니 자신의 세계관과 생산방식을 파괴하지 않고서는 농민이 자본주의에 적응하기는 어려웠다.

최근에는 다국적기업이나 재벌들이 계약농업이나 수직 계열화(vertical integration)로 농민을 농업노동자로 만들고 생산과정을 지배하기도 한다. 김흥주 등이 쓴 《한국의 먹거리와 농업》

(따비, 2015)에서 저자들은 농산물 "시장개방이 제도화된 1990-2000년대에 한국의 농식품체계는 농업을 압도하는 식품산업을 중심으로 완전히 재편"되었고 "먹거리라는 최종상품을 생산하기 위해 화학기업, 농기계기업, 종자회사, 은행, 그리고 농민의 상호작용이 이뤄지는 하나의 체계"가 만들어졌다. 이제 농민은 자율성마저 잃고 먹거리 생산체계의 부품으로 전락하고 있는데, 심지어 한국 정부가 이런 계열화 정책을 세워 농민의 종속을 부추기고 있다.

결국 농민은 힘없이 쇠퇴하고 소멸할 운명이었을까? 흥미롭게도 박현채는 《한국경제구조론》에서 농민의 권리에 관해 이야기한다. 어떤 사회이건 농민이 성실하게 일하고 있다면 "그들은 농사를 지을 수 있는 모든 조건을 가져야 하고 농사를 지어 한 사회에서 평균적으로 남이 사는 것처럼 살 수 있어야 하며 살아야 할 권리를 지닌다." 어떤 권리일까? 경제적인 면에서 농민은 토지에 대한 권리, 농사를 짓기 원하는 농민이라면 토지에 대한 사적 제약을 받지 않고 생산과정에서 발생된 잉여를 농사를 전혀 짓지 않는 계층에게 수탈당하지 않을 권리를 누려야 한다("농사를 짓는데 아무런 사회적 기여를 하지 않는 기생적 계층에게 농업 생산과정에서 창출된 경제잉여를 수탈당하지 않고 직접적 생산자인 농민에게 실현시키는 문제"). 그리고 농민은 "고향 땅에서 농사짓고 살며 더 나은 소득기회가 있기 전에는 떠나지 않을 권리"를 누려야 한다. 이를 위해서는 농산물가격이 "제값을 받아 한 사회가 창출한 사회적 생산에서 참여의 자기 몫을 소득으로 확보하여 평균적으로 남과 같이 살 권리"를 보장받아야 한다. 또한 농민은 다른 산업의 노동자와 같이 "보다 나은 노동조건을 확보하는 것(균등한 노동조건 확보의 문제)"이 중요하고 이를 위해 소경영에서 대경영으로 전환할수 있어야 한다. 마지막으로 농민은 "남에게 농사짓는 방법을 강요받지 아니하고 자기에게 유리하다고 생각되며 원하는 방법으로 농사짓는 권리(기본적인 시민적 권리의 확보, 경작 강제로부터의 해방)를 확보"해야 한다. 만약 이런 권리가 보장되었다면 우리 사회는 어떻게 달라졌을까?

흥미롭게도 2018년 12월 유엔(UN)에서 승인된 농민권리선언도 비슷한 내용을 담고 있다. 농민권리선언은 "농민은 혼자서 또는 다른 이들과 함께 연합하여, 또는 공동체로서, 생계 및/혹은 판매를 위한 소규모 농업생산을 하고 있거나 종사하려는 사람으로서, 전적으로는 아니더라도 상당 수준으로 가족이나 가사노동 혹은 화폐가치화 되지 않은 방식으로 조직된 노동에 의존하며, 토지에 특별한 의존성과 애착을 갖는 사람"으로 농민을 넓게 규정했다. 그리고 "이민법상 신분과 무관하게 모든 이주노동자를 포함하여 플랜테이션, 농장, 산림, 수산양식장, 농산업체의 농장에서 일하는 임금노동자와 계절노동자에게도 적용된다"고 규정했다. 또한 "농민 농촌노동자는 임시노동자·계절노동자 또는 이주노동자 등 자신의 법적 상태와는 상관없이, 안전하고 건강한 작업 환경에서 일할 권리를 가지며(제14조 1항), 농민 농촌노동자는 농약이나 농업 또는 산업 오염물질을 비롯한 유해물질이나 유독 화학품을 사용하지 않거나 노출되지 않을 권리를 가진다(제14조 2항)." 이에 따라 "국가는 농민 농촌노동자에게 안전하고 건강한 작업 환경을 보장(제14조 3항)할 의무를 갖게 된다." 해당 선언문에는 먹거리와 농업을 위한 식물유전자원들에 관한 전통지식 보전에 대한 권리뿐 아니라 이익을 공유하는 과정에 공정하게 참여하고, 종자나 번식물질을 교환하고 판매할 권리(제19조 1항)까지 포함되어 있다. 이런 권리가 보장된다면 농민은 계속 원하는 방식으로 농사를 지으며 살 수 있다.

타자를 환대하지 못하는 농촌의 현실

애초에 이런 권리들이 보장되었다면 농민은 열외국민이나 이등시민으로 살 이유가 없었다. 농민들이 무능하거나 열심히 노력하지 않아서가 아니라 구조적으로 살아남기 어려운 조건에 놓여 있었다. 그리고 이제 이 열악한 자리는 이주노동자들로 채워지고 있다.

이미 농촌에 2만 명이 넘는 이주노동자들이 있고, 농축산업이 소수업종 특화 국가로 지정되어 캄보디아에서 온 이주노동자들이 절반 이상이다. 그런데 열심히 일하는 이주노동자들이 임금 착취와 열악한 주거, 성폭력 등에 시달리다 못해 농어촌의 '마을

노비'가 되었다는 기사가 나올 정도다. 농업의 열악한 현실에 가부장 문화가 덧붙여진 최악의 상황이다.

이등시민들이 타자를 환대하지 않고 삼등시민으로 만드는 현실, 이것이 농촌의 풍경이다. 한국의 가부장적인 문화 탓도 있지만 이미 상품경제에 편입되어 산업화된 농업의 성격 탓도 크다. 도덕경제는 고사하고 적은 비용으로 더 많은 결과물을 얻겠다는 도구적 합리성이 농업에도 침투한 것이다.

게다가 '결혼이주'라는 이름으로 포장되지만 불평등한 계약 관계에 묶여 있는 이주여성들의 인권도 위태롭다. 이주여성들에 대한 폭행과 차별은 다반사여서, 국가인권위원회가 2018년 6월 21일 발표한 〈결혼이주여성 체류실태 요약자료〉에 따르면, 가정폭력을 경험한 사람이 전체 920명 중 387명으로 42.1%에 달한다. 복수응답에 따른 가정폭력 유형을 보면, 심한 욕설(81.1%), 한국식 생활방식 강요(41.3%), 폭력위협(38.0%), 필요한 생활비나 용돈을 안 줌(33.3%)의 순이고 흉기위협도 19.9%나 되었다.

이런 상황에서 외국인 주민의 수는 계속 늘어나고 있다. 행정안전부가 발표한 〈2018년 지방자치단체 외국인 주민 현황〉을 보면, 국내 외국인 주민의 수는 약 205만 명(4.0%)으로 2017년보다 19만 명 늘었다. 외국인 주민 비율은 2006년 1.1%에서 2018년 4.0%로 3배 이상 증가했다. 유형별로 보면 국적 미취득자가 165만 1561명(80.4%), 국적 취득자 17만 6915명(8.6%), 외국인 주민 자녀(출생) 22만 6145명(11.0%)이다. 국적 미취득자 중 결혼이민자가 16만 6882명으로 2017년보다 6229명 늘었고, 외국인 주민 자녀도 2017년보다 1만 3843명 늘었다. 결혼이민자가 많은 시군구는 안산시 5452명(7.1%), 수원시 4508명(8.4%), 부천시 3842명(11.5%), 시흥시 3742명(7.9%), 화성시 3270명(6.2%) 순이고, 외국인 인구 중 결혼이민자 비율이 높은 시군구는 정선군 134명(36.8%), 무주군 108명(34.2%), 봉화군 148명(33.8%), 순창군 146명(33.4%), 영양군 97명(33.3%) 순이다. 이등으로 전락한 공간에 배제된 타자들이 살고 있다.

10년 뒤 농촌의 풍경은 어떨까? 누가 농촌에 남아 농사를 짓고 있을까? 우리가 생각하는 목가적인 풍경이 그려질 수 있을까? 우리는 공기밥을 계속 먹을 수 있을까? 10년 뒤 농업인구는 90만-100만 명으로 줄어든다. 이 농업인구가 5천만 명을 먹여 살릴 수 있을까?

한편으로는 스마트팜, 스마트농업이 노동력 부족의 대안으로 얘기되지만, 많을 돈을 쓰는 설비와 운영에 필요한 전력을 농민이 감당할 수 있을까? 심지어 기후위기와 에너지위기의 시대에? 해외 식량기지나 수입대체도 얘기되고 있지만 코로나19의 여파로 농산물 수출이 제한되는 상황이라 지속가능한 대안일지 의문이다. 기후위기는 식량위기로 터져나올 가능성이 큰데, 가장 절실하고 필요한 곳이 붕괴의 위협에 시달리고 있다. 이것이 도시에는 영향을 미치지 않을까?

2 농촌 위에 군림하는 도시

야마시타 유스케(山下祐介)는 《지방회생》(이상북스, 2019)에서 지방소멸론이란 인구가 줄어드는 불안감(인구감소 쇼크!)을 이용해 중앙부처가 만들어낸 신자유주의 전략이라고 비판한다. 유스케에 따르면, 지방소멸론의 근거가 된 〈마스다 보고서〉는 국토교통성, 총무성, 재무성, 후생노동성 등 네 부처의 의도가 통합된 것이고, 공무원들이 속한 가스미가세키 비선대책본부가 사업을 추진했다.

일본 정부는 무슨 생각으로 이런 일을 벌였을까? 일본 정부는 개발로 경기를 부흥하고, 인구가 줄어드는 시정촌을 합병하고, 선택과 집중으로 공공투자를 효율화하려는 의도를 가졌다. 한마디로 중앙정부가 자기 입맛대로 살릴 지역과 없앨 지역을 구분하고 사업을 진행하기 위해 지역의 불안감을 이용했다는 이야기다. 그래서 마을과 사람을 내세웠지만 결국에는 모든 정책이 일자리에 초점을 맞췄고, 농어촌의 유지보다는 벤처나 혁신, 규제 완화가 필요하다고 주장했다. 목표가 마을 만들기, 지방창생이라고 하지만 정확히는 '돈을 벌어들이는 마을 만들기'였고, 돈벌이로 인구감소를 해결할 수 있다고 주장했다.

그러나 유스케가 보기에 인구감소의 원인은 농촌이 아니라 바로 도시에 있다. 원래 인구가 많고 인구밀도가 높은 도시일수록 출산율이 낮아지기 때문에, 지나친 도시화가 인구감소를 초래했다고 본다. 특히 한국의 수도권 집중과 비슷한 도쿄 중심의 '도쿄 일극집중'이 인구감소의 주요 원인이다.

이와 연관된 또 하나 중요한 원인이 있다. "같은 일자리라 하더라도 농촌보다 도시에서의 권위가 더 높고, 같은 도시라도 인구 규모가 큰 도시일수록 일자리의 권위가 더 높아진다. 공무원도 기업도, 대학도 마찬가지로 도쿄에 위치하면 일류이고, 다음에는 각지의 거점 도시, 그다음은 작은 도시, 작은 읍·면, 그리고 마을로 갈수록 그 권위는 점점 낮아진다." 유스케는 이런 '직업권위의 서열화' '지역의 과잉 서열화' '인구의 과잉 이동'이 인구를 집중시킬 뿐 아니라 정부와 시장에 자신의 생존을 맡겨야 하는 불안한 인구층을 늘려 출산율을 떨어뜨린다고 주장한다. 심지어 애써 지역에 일자리를 만들어도 이윤은 다시 수도권으로 집중된다. 농촌에 공장을 짓고 산업단지를 세워도 문제는 해결되지 않는다.

이런 문제를 해결하려면 도시가 아닌 마을의 정의가 실현되어

'다양성의 공생'이 보장되고, 행정기관의 이전이 아니라 국가에 집중된 권한이 지역으로 내려와야 한다고 유스케는 주장한다. 또 일자리 만들기보다 노동개혁이 우선되어야 인구를 유지할 수 있다고 본다. 좋은 일자리는 양이 아니라 질의 문제이기 때문이다. 그리고 당분간 인구감소는 피할 수 없기 때문에 인구가 감소해도 지속될 수 있는 사회를 설계해야 한다고 강조한다.

점점 심화되는 도시와 농촌의 격차

그렇다면 일본을 따라가고 있는 한국의 상황은 어떤가? 경제가 아닌 사람, 수도권이 아닌 지역, 일자리가 아닌 노동 중심의 대안이 마련되고 있나? 안전한 나라를 표방하며 집권한 정부가 화학물질이나 기술 관련 규제를 풀고 있는 모순된 현실은 부정적인 답을 내리게 한다.

외려 한국 현실에서는 도시와 농촌의 격차가 점점 더 벌어지고 있다. 통계청의 〈농가경제통계〉에 따르면, 1968년의 농가 가구당 평균소득은 17만 8959원이고 도시근로자 가구당 평균소득은 28만 6080원이었다. 농가의 소득이 도시의 소득보다 훨씬 낮았지만 이후 조금씩 농가소득은 증가한다. 정혁 등이 쓴 〈농업부문 개발과 구조전환을 통한 한국경제 발전〉(한국개발연구원, 2015)에 따르면, 농가소득은 도시근로자 가계에 비해 1967년에는 67%에 불과했으나 그후 지속적으로 상승해 1974년 118%에 이르렀고, 1978년과 1979년을 제외하고 1986년까지 지속적으로 100%를 상회했다. 그러나 1983년 119%로 정점에 달한 후 감소 추세가 시작되어 1987년 100% 밑으로 떨어졌고 2000년에는 84%, 2008년에는 65%에 불과하게 되었다.

이것은 1980년대 이후 농가소득이 증가하지 않고 거의 제자리에 머물 때 도시근로자 가구의 월평균 소득은 1990년 약 94만 3천 원에서 2000년 약 236만 6천 원, 2010년 약 403만 3천 원, 2018년 약 540만 1천 원으로 증가한 탓이 크다.

그런데 박현채는 《한국경제구조론》에서 이런 소득 비교의 문제점을 지적한다. "도시근로자 소득이 낮은 임금 계층만에서 추계되고 농사소득이 농민 상층부 계층까지 포괄한 것이라는 통계 기술상의 문제를 고려한다면 농민의 상대적 빈곤은 더욱 심화된 것이라고 말할 수 있다. 농민은 농사를 지어서 자기 생계를 유지할 수 있어야 한다. 그러나 농업소득에 의한 가계비 충족도는 농민이 농업소득만으로는 자기 가계를 꾸릴 수 없다는 것을 보여주고 있다." 단순 비교로는 같은 계층 내의 격차가 반영되지 않기 때문에 현실을 드러내기 어렵다는 평가다. 1983년까지 농가소득이 도시근로자 가구소득을 앞지른 것도 비슷한 이유로 볼 수 있다.

소득 비교로는 농가 현실을 드러내기 어렵다는 점은 농가소득에서 농업소득의 비중을 봐도 드러난다. 1967년 농가소득에서 농업소득의 비중이 77.8%였다면 1970년 75.9%, 1980년 65.2%, 1990년 56.8%, 2000년 47.2%, 2010년 31.4%, 2018년 30.7%로 줄어들었다. 그리고 농가부채는 1970년 1만 5913원, 1980년 33만 8465원, 1990년 473만 4401원, 2000년 2020만 7125원, 2010년 2721만 78원, 2018년 3326만 9천 원으로 폭발적으로 늘어났다. 그러니 농사를 지으면 지을수록 농촌은 더욱 가난해지고 있다. 농가소득에서 농업 외 소득의 비중이 늘어났음에도 이런 격차는 좁혀지지 않고 있다. 그러다보니 농업은 '일자리'로 여겨지지도 않는다.

이와 함께 도시화율(도시지역인구/전체인구)은 1970년 50.1%, 1980년 68.73%, 1990년 81.95%, 2000년 88.3%, 2010년 90.9%, 2018년 91%로 계속 증가하고 있다. 농업의 쇠퇴와 더불어 농촌의 인구도 점점 더 줄어들고 있다. 이것은 소득만이 아니라 생활 근거지로서 농촌 기반도 계속 무너지고 있기 때문이다.

한국농촌경제연구원이 발간한 〈농업전망 2018〉에 실린 다음의 표(93쪽)는 도시와 농촌의 정주만족도를 비교했다.

표에서 드러나다시피 도시와 농촌의 만족도 차이는 문화, 교통, 의료와 같은 가장 기본적인 부분에서 더 벌어져 있다. 일자리만이 아니라 교육, 의료, 문화, 교육 등 모든 면에서 농촌과 도시의 격차가 커지고 있다.

그런데 어찌 보면 이런 격차가 나는 것은 당연하다. 왜냐하면 농촌의 인구가 도시보다 줄었기 때문이다. 자본주의에서는 문화,

정주만족도 세부항목	도시	농촌	차이
문화/여가 프로그램 구축	6.62	4.98	1.64
대중교통 이용	7.33	5.76	1.57
문화/여가 시설 이용	6.67	5.16	1.48
의료서비스 수준	7.29	5.81	1.48
응급상황 의료서비스	7.10	5.74	1.36
방과후 교육 기회	6.86	5.58	1.28
어른들의 평생학습 기회	6.58	5.43	1.15
의료서비스 접근성	7.56	6.41	1.15
양육/보호 지원	6.74	5.61	1.13
생활서비스 이용	7.35	6.23	1.12

교통, 의료 모두 시장수요가 이윤을 맞춰주어야 가능한 서비스다. 공공성의 관점에서 보면 달라질 수 있지만 시장에 맡기면 인구가 적은 농촌에서는 이런 서비스들이 줄어들 수밖에 없다. 인구가 계속 줄어드니 농촌은 점점 더 외부의 자원에 의존할 수밖에 없다.

강준만은 《지방은 식민지다》(개마고원, 2008)에서 김지석을 인용해 비수도권 내부에 제2의 식민지가 만들어지는 현상을 지적한다. 수도권과 비수도권의 격차도 문제지만 비수도권 내부에서도 대도시로 인구가 몰리고 있다.

경남권(789만 명)에서도 60.2%가 부산과 울산에 살고, 경북권(522만 명)도 58%가 대구와 포항에 살고, 전남권(339만 명)도 57.2%가 광주와 여수에 살고, 전북권(191만 명)도 49.2%가 전주와 익산에 살고, 충남권(339만 명)도 57.2%가 대전과 천안에 살고, 충북권(149만 명)도 55.7%가 청주와 충주에 산다. 권역별로 가장 큰 도시에 주민의 40-50%가 몰려 있고, 다음 도시가 10-15% 안팎을 차지하는 것도 판박이라는 것이다. 땅이 비교적 넓고 산지가 많은 강원도(152만 명)도 50.7%가 춘천·원주·강릉에 산다. 김지석은 이를 '악성 인구 프랙털'로 규정했다. 지방 내부에서 일어나는 도시들 간 갈등의 양상을 보면 서울-지방의 갈등과 매우 유사하다. 도 단위 지역의 패권 도시는 다른 도시들에 대해 서울이 지방을 대하는 것과 비슷한 입장을 취한다. 바로 여기서 모순이 발생하고, 이는 종국엔 서울-지방 모순의 타파에 걸림돌로 작용한다. 패권주의는 지방 내부에서도 실천하고 있는 것이기에 '세상이 원래 다 그런 것 아냐?'라는 냉소주의를 만연시키기 때문이다.

이런 현상은 그동안 얼마나 달라졌을까? 2019년 통계청 자료를 기준으로 경남권 인구 약 792만 명 중 58%가 부산과 울산에 살고, 경북권 인구 약 510만 명 중 57.6%가 대구와 포항에, 전남권 약 332만 명 중 52.1%가 광주와 여수에, 전북권 181만 명 중 51.8%가 전주와 익산에 살고, 충남권 약 359만 명 중 59.1%가 대전과 천안에, 충북권 약 160만 명 중 약 66%가 청주와 충주에 산다. 전북과 충남, 충북은 대도시로의 집중도가 더 심화되었고 나머지는 약해졌다. 그리고 전라북도를 제외한 모든 지역에서 도시지역 인구비율이 증가했다. 농촌의 붕괴는 도시로의 이주를 부추기고 있다.

누구를 위한 균형발전인가

이런 상황에서 도시화를 앞세운 균형발전이 계속되고 있다. 2018년 2월 1일, 문재인 대통령은 세종시에서 열린 국가균형발전비전 선포식에서 이렇게 말문을 열었다. "그때 허허벌판이었던 이곳에 55개의 중앙행정기관과 국책기관이 들어섰습니다. 8만 5000여 명이던 인구는 3배 이상 늘었습니다. 이제 29만 명이 거주하는 정주도시로 완전히 탈바꿈해, 국가균형발전정책의 상징이 됐습니다. 오늘의 세종시가 있기까지 많은 분들의 땀과 노고가 있었습니다."

대통령의 말처럼 세종시는 이전과는 전혀 다른 공간이 되었다. 3배의 인구가 거주하기 위해 세종시에는 높은 아파트들이 들어섰고 새로운 도시가 만들어졌다.

충청남도 연기군과 다른 지자체 일부를 편입해 만든 세종시의 행정구역은 1읍 9면 7행정동이다. 세종시 통계연보에서 2020년 7월 기준으로 전체인구 35만 1573명 중 9개 행정동의 인구를 합치면 25만 6939명으로 전체 인구의 73.1%를 차지한다. 조치원읍을 제외한 9개 면의 인구는 4만 9170명으로 전체 인구의 14%를 차지한다. 9개 면의 면적이 423.2km²로 전체 면적의 91%를 차지하니 10%도 안 되는 면적에 인구의 73%가 사는 셈이다.

세종시 내에서도 도시와 농촌의 격차가 심각해졌다. 이러니 세종시가 국가균형발전정책의 상징은 되었을지 몰라도 그 내부가 균형발전되었는지는 질문을 받을 수밖에 없다. 그리고 행정기관이나 국책기관의 이전으로 세종시에 내려온 주민들과 원래 살던 주민들이 잘 섞일 수 있을까? 한때 행정복합도시의 준말로 '행복도시'라고 쓰기도 했는데, 농촌이 도시로 바뀌면 주민들의 삶은 정말 행복해질까?

어떻게 보면 도시는 농촌을 낭만화하고 관광지화한다. 농촌에 있는 수많은 도농교류센터들이 실제로는 관광객을 받기 위한 숙박시설로 전락했다는 점이 이를 증명한다. 솔직히 교류는 무슨 교류인가, 도시가 농촌을 이용하는 것이지. 지역특화사업이라는 것도 마찬가지다. '특화'라고 하지만 지역성과 상관없는 사업들이 중앙정부의 사업지원을 빌미로 등장한다. 삶터가 아닌 관광지로, 일터가 아닌 투자지로 인식되는 한 농촌은 도시의 그늘을 벗어날 수 없다.

서로의 다른 가치를 인정하며 균형 잡기

관점을 조금만 바꿔보자. 도시는 농촌에서 배울 것이 없을까? 예로부터 농촌은 도시가 성장할 수 있는 근거지였다. 도시가 누리는 많은 자원이 농촌에서 왔다. 단지 농산물만이 아니라 생태, 공기, 문화가 농촌에서 비롯되었다. 예를 들어, 상수도보존지역이 없다면 도시의 주민들은 맑은 수돗물을 마시지 못하고, 농촌의 기반인 논과 밭은 생물다양성을 살리는 중요한 터전으로 물을 저장하고 자연경관을 만드는 기능을 한다. 농촌이 없었다면 지금처럼 도시가 무한 확장할 수 있었을까? 도시를 포기하라는 것이 아니라 서로의 다른 가치를 인정하며 균형을 잡아야 할 때이고 지원이 아니라 보상이 필요하다는 말이다.

특히 지금은 기후위기에 처한 시대다. 지금까지 도시가 농촌 위에 군림해왔다면 이제 농촌의 도움이 절실히 필요하다. 2019년 12월 기상청이 번역해서 발표한 기후변화정부간협의체(IPCC)의 〈기후변화와 토지: 정책결정자를 위한 요약본〉에 따르면, "기후변화는 온난화, 강수패턴 변화 및 극한현상 빈도 증가로 인해 식량안보에 영향을 이미 끼쳐"왔다. 그리고 "현재 지구온난화 수준은 건조지의 물 부족 증가, 토양 침식, 식생 손실, 자연발화 피해, 영구동토 해빙, 연안 황폐화, 열대작물 수확량 감소에 의한 보통 수준의 리스크와 연관되어 있다." 이런 변화는 "사막화(물 부족), 토지 황폐화(토양 침식, 식생 손실, 자연산화, 영구동토 해빙),

식량안보(곡물 수확량과 식량 공급의 불안정)와 관련된 과정에 영향을 미친다. 이 과정의 변화는 식량 시스템, 생계, 기반시설, 토지의 가치, 인간과 생태계 건강에 리스크를 가져온다." 그러면서 이 보고서는 "도시 확장은 경작지 전환으로 이어지고 이로 인해 식량 생산 손실이 발생한다(높은 신뢰도). 이는 식량 시스템에 추가적인 리스크를 발생시킬 수 있다. 이 영향을 줄이기 위한 전략은 도시와 도시 주변 지역의 식량 생산 및 도시 확장 관리뿐만 아니라, 도시의 기후 리스크를 줄일 수 있는 도시 친환경 기반시설도 포함할 수 있다"고 제안한다. 기후위기와 식량위기는 먼 미래의 문제가 아니고 이미 전 지구적으로 터지고 있다. 골든타임을 놓쳤기 때문에 나중은 없다.

이제 도시의 편리함만을 추구할 수 없는 시대가 되었다. 인류가 계속 생존하려면 농촌의 잠재력이 발휘되어야 하고, 이를 도시가 뒷받침해야 한다. 이것은 지원이 아니라 그동안의 착취에 대한 보상이자 지속가능성을 위한 투자다.

3   혁신은 관두고
       보상부터

지잡대(지방에 소재하는 잡스러운 대학교라며 낮춰 부르는 말)와 지균충(지역균형선발전형으로 합격한 대학생을 낮춰 부르는 말)은 공간의 신분화를 극적으로 드러내는 말이다. 〈단비뉴스〉는 2019년 2월 28일 "지잡대 혐오사회(상) 대학 이름 밝히자 '핵인싸'가 '갑분싸'로"라는 기사를 시작으로 3월 9일 "지잡대 혐오사회(중) 우리 학교가 '시궁창' '백수 저장소'라니", 3월 20일 "지잡대 혐오사회(하) 과잉 능력주의가 낳은 '차별 피라미드'"라는 기획기사를 연재했다. 공부를 못하면 사회적 멸시를 받아도 당연하다고 여기는 것은 능력이 아닌 능력주의 문제다. 지방대 티셔츠를 입었다는 이유로 "어우, 지잡대 냄새"라는 말을 들은 페이스북 사연, 지방대를 희화화한 웹툰 〈복학왕〉, 비리사학재단 때문에 지방대 전체가 부실대학, 비리대학으로 매도당한 일 등을 다루며 이 기사는 승자독식 체제가 무너져야 차별과 혐오도 사라질 것이라고 끝을 맺는다.

중앙정부의 개발계획 아래 이루어진 수도권 초집중

그런데 이 승자독식체제는 자연스럽게 만들어진 것이 아니다. 한국에서 도시와 수도권은 국토종합개발계획에 따라 체계적으로 만들어졌다. 제1차 국토종합개발계획(1972-1981)은 경제성이 높은 대규모 사업을 지원해 그 효과를 전국으로 파급시킨다는 거점개발 방식을 취해 지역격차를 심화시켰다. 거점 간 이동을 위해 국토 여기저기를 뚫어놓은 터널과 고속도로들은 수도권으로의 집중을 도왔다.

제2차 국토종합개발계획(1982-1991)은 1차 때 나타났던 지역발전의 양극화를 지양하고 국토의 균형발전을 목표로 삼았다. 당연히 그 양극화의 주원인이었던 대도시의 과밀화 현상, 특히 수도권의 과밀화를 집중 억제하겠다는 목표를 내세웠지만 그 기간에도 수도권으로의 집중현상은 계속되었다. 제3차 국토종합개발계획(1992-2001) 역시 지역 균형개발, 국토 이용체제 확립, 국민복지 향상, 국토환경 보전, 통일기반 조성 등을 목적으로 삼았다. 여전히 국토의 균형개발이라는 '수사'가 강조되었지만 수도권으로의 인구 유입은 멈추지 않았고(5개 신도시를 만들어 서울의 인구수를 낮추려는 알팍한 수를 부리기도 했다), 사회적·경제적·정치적 집중현상은 계속 증가되었다(1996년 기준 수도권과 동남권에 전 인구의 73.3%, 공업생산액의 80.3%가 집중되었다).

제4차 국토종합계획(2002-2020)은 '개발'이라는 단어를 빼 명

칭에서부터 차별점을 부각시키고 기간도 두 배로 늘렸다. 그리고 더불어 잘사는 '균형국토', 자연과 어우러진 '녹색국토', 지구촌으로 열린 '개방국토', 민족이 화합하는 '통일국토'라는 목표를 제시했다. 균형국토, 녹색국토, 개방국토, 통일국토라는 목표는 그것을 실현하기 위한 물적·인적 자원을 필요로 한다. 하지만 그 물적·인적 자원은 수도권에 과도하게 집중되었고, 그것을 해소시키지 않고 다른 곳에서 충원할 수는 없다. 그런데도 중앙정부는 2002년 1월 21일 그린벨트 3754만 평을 개발하고 수도권의 개발공간 구조를 1차 거점도시인 인천·수원, 2차 거점도시인 파주·동두천·평택·남양주·이천으로 분산하는 다핵공간 구조로 재편한다는 구상을 밝혔다. 이런 구상은 주택정책의 실패와 수도권 집중화를 수평적 공간 확장과 형식적 거점 분할로 은폐하려는 속셈을 품고 있었다.

기존의 계획이 실패한 것도 산업입지정책을 전체적인 계획과 주민의 의사 수렴, 지방자치단체의 능력 등과 연관해 고려하지 않았기 때문이다. 지방에 본사를 둔다고 해도 실질적인 의사결정과 업무 연관성이 서울로 집중되어 있기 때문에 집중화 해소에 도움이 되지 않는다. 모든 정책의 입안과 결정이 수도권이나 대도시를 중심으로 결정되는 한 집중화는 사라질 수 없다.

그런데도 노무현 정부는 2003년부터 국가균형발전을 위한 공공기관 지방 이전 추진 방침을 발표하고 2007년 1월에 '공공기관 지방 이전에 따른 혁신도시 건설 및 지원에 관한 특별법'을 제정했다. 그리고 전국 열 개의 지방자치단체, 즉 부산광역시 (동북아해양수도, 영도·해운대·남구), 대구광역시(지식창조 브레인시티), 광주광역시·전라남도(그린에너지피아, 나주시) 울산광역시(경관 중심 그린에너지폴리스), 강원도(비타민시티, 원주시), 충청북도(교육·문화이노밸리, 진천군·음성군) 경상북도(IT·BT 드림밸리, 김천시), 전라북도(농업·생명 허브, 전주시·완주군), 경상남도(산업자원거점도시, 진주시), 제주도(국제교류·연수 폴리스)가 혁신도시로 지정되었다. 혁신도시사업은 157개의 중앙정부 산하기관 3만 명 이상의 임직원들이 해당 지역으로 옮겨가고, 도시개발비로 당시 화폐로 44조 원이 투자되는 대형 국책사업이었다. 1단계로 혁신도시가 건설되고, 2단계로 산·학·연 클러스터가 조성되는 수순이었다.

문제는 정부가 중앙정부, 지방정부, 지역주민의 합의를 통한 정책이라고 밝혔지만, 중앙정부가 설계하고 지방정부가 자기 지역의 낙후함을 앞다투어 호소하며 경쟁하는 방식이었다는 점이다. 더구나 광역자치단체가 중심이 되면서 혁신도시의 입지를 두고 기초자치단체들의 경쟁이 치열하게 벌어졌다. 그래서 강원도에서 원주시가 혁신도시로 지정되자 강릉시와 춘천시 주민들이 규탄대회를 열기도 했다. 반면에 충청북도 음성군 맹동면 주민들은 혁신도시 선정을 반대해 항의하기도 했다. 국가균형발전을 내세웠지만 실제로는 지역 내 격차에 대한 대책이 없었고, 혁신의 성과가 인근 지역으로 전파될 것이라는 당위적인 설명만 있었다.

여전한 비수도권 줄세우기식 정책

공공기관의 지방 이전이 부추긴 것은 지역들 간의 경쟁만이 아니었다. 국토교통부에 따르면, 2007년부터 2015년 말까지 전국 열 곳의 혁신도시 공시지가 상승률은 타 중소도시의 공시지가 상승률보다 월등히 높았다. 진주 혁신도시를 포함한 전국 혁신도시 지구의 공시지가 상승률은 11.16%인데 비해 중소도시 20여 곳의 공시지가 상승률은 4.44%에 불과했다. 혁신도시 건설은 누구에게 많은 이득을 안겨주었을까? 한국토지주택공사의 자료에 따르면, 열 곳의 혁신도시에서 토지보상금을 받은 사람 중 32%가 외지인이었고, 그들 중 42%가 수도권 사람이었다. 그리고 혁신도시가 만들어지며 기존의 도심지가 공동화되고 지역 내에서 구도심과 신도심 간의 격차가 벌어졌다. 이런 상황에서 문재인 정부는 도시재생사업을 한다며 5년간 50조 원의 예산을 구도심에 쏟아붓고 있다. 이런 사업이 과연 누구에게 이득이 될까?

엄청난 예산을 투입했지만 혁신도시 건설로 발생한다던 효과들은 과연 어느 정도 검증이 되었을까? 인구가 유입되어 지역경제가 활성화되고 지방정부의 세수도 증가할 것이라는 기대는 과연 실현되고 있을까? 정말 그랬다면 지금도 균형발전이 이렇게 강조될 이유가 없고 수도권 인구도 늘어날 이유가 없다.

예를 들어, 제주도 서귀포시 서호동·법환동 일원에 건설된 혁신도시는 건설비만 3473억 원을 썼는데, 9개의 공공기관이 이

전될 예정이었으나 국토교통인재개발원, 국세공무원교육원, 국세청주류면허지원센터, 국립기상과학원, 공무원연금공단, 국세청 국세상담센터가 이전했고, 한국정보화진흥원의 경우 NIA글로벌센터만 제주에 만들어졌다. 이렇게 이전된 기관들만 보면 솔직히 어떤 연계성이 있는지 알기 어렵다. 게다가 이 기관 이전에 따른 임직원 이주는 8개 기관이 모두 이전해도 743명에 불과했다. 743명이 이전하는 데 3473억 원을 썼으니 1인당 이전비용이 약 5억 원인 셈이다. 이것이 합리적인 정책인가?

또 혁신 클러스트를 만든다는 명목으로 수도권의 지방이전 기업에게 법인세·소득세 6년간 면제, 이후 3년 50% 감면, 지방세에서 취·등록세 면제, 재산세 10년간 100% 감면의 특혜가 붙었지만, 2015년 12월 말까지 제주도에 분양을 신청한 기업체는 열 개에 불과했다. 국제학교 설립, 외국 영리병원 유치, 전지훈련센터처럼 무리한 사업들만 늘어났다. 효과는 별로 없고 개발의 욕구만 더 강해졌다.

이것은 혁신도시정책을 제대로 이어받지 않은 이명박, 박근혜 정부의 탓일까? 그러나 이명박, 박근혜 정부도 균형발전을 빌미로 광역경제권 활성화, 30대 지역발전 선도과제, 지역특화 프로젝트 등을 추진했다. 그러나 실제 효과는 없었고 사실상 수도권으로의 집중현상만 더 심화되었다.

문재인 정부가 세운 제4차 국가균형발전 5개년계획(2018-2022)은 '지역 주도 혁신적 포용국가'라는 목표를 세우고 ①국가

균형발전 프로젝트 추진, ②균형발전 총괄지표 개발 및 지역차
등 지원, ③생활밀착형 SOC사업 확대, ④지역발전투자협약(계
획협약) 본격 추진, ⑤국가균형발전특별회계 개편, ⑥지역혁신체
계 구축 등을 핵심 과제로 제시했다. 여기서 주목할 만한 변화는
지자체가 지역발전 계획을 수립하고 중앙정부와 협의 후 지역발
전투자협약을 체결한 뒤 추진한다는 것이다. 걱정되는 점은 이
런 계획이 지금까지 해왔듯이 대형 개발사업을 부추기고 국·공
유재산까지 이런 개발을 위해 파괴할 수 있다는 점이다. 실제로
17개 시도별 역점과제를 보면 산업을 중심으로 한 공간재편전략
들이 빼곡하다. 2022년까지 174조 8천억 원을 투입한다는 이 균
형발전계획은 과연 비수도권 지역을 활성화시킬 대안일까? 심
지어 2019년 1월 29일 문재인 정부는 광역자치단체가 신청한
23개 사업에 대해 사업의 적합성과 타당성을 따지는 예비타당성
조사를 면제하고 약 24조 원을 풀기로 했다. 이것은 기존의 퍼주
기식 개발과 예산 낭비를 반복할 가능성이 높다. 균형발전정책
을 전체적으로 재검토할 시기에 이런 퍼주기식 정책이 통과되는
이유는 뭘까? 여전히 중앙정부가 비수도권을 줄 세우기 하고 있
다고 볼 수밖에 없다.

　더구나 기후위기 상황에서 이런 개발계획들이 농촌과 비수도
권의 지속가능성을 보장하는 방법일 수 있을까? 열대성 폭우, 폭
염, 혹한, 가뭄, 슈퍼태풍, 이런 말들이 낯설지 않다. 기후변화정
부간협의체의 〈지구온난화 1.5도 특별보고서〉는 현재 속도로 지

구온난화가 계속될 경우 지구 온도가 2030년에서 2050년 사이에 산업화 이전 수준 대비 1.5℃ 이상 높아질 수 있다고 경고했다. 그럴 경우 육지와 해상 모두에서 평균온도가 상승하고 인간 거주지역에서 극한 고온과 호우 증가, 가뭄, 생물종의 변화, 질병 유병률 및 사망률 증가, 어업 및 양식업의 생산량 감소 등의 현상이 나타날 것이라고 보고서는 경고한다.

이런 와중에도 한국은 '기후악당'이라 불릴 정도로 전 세계적인 온실가스 감축 노력에 힘을 보태지 않고 있다. 한국이 기후변화의 영향을 거의 받지 않아서 그럴까? 한국의 평균기온은 지난 100년간 1.7℃ 올라서 세계 평균보다 두 배 빠르게 상승하고 있으며 강수량은 100mm 증가했다. 2018년 한국의 여름은 폭염과 열대야가 이어졌고 8월 1일은 111년 만의 최고 온도였다. 2018년 온열질환으로 치료를 받고 보험을 청구한 시민은 총 23만 6779명인데, 질병관리청이 집계한 온열질환자는 4526명이다. 폭염에 사람만 힘들까? 2018년에만 300만 마리(집계된 수만!)가 넘는 동물들이 폭염으로 죽었다. 그리고 2020년 7-8월에는 기록적인 폭우가 내려 수많은 지역이 물에 잠기고 수해를 입었다. 한국의 기후변화 속도는 전 세계 평균을 앞서고 있고 그 영향 또한 점점 심각해지고 있다. 이런데도 우리는 계속 성장과 발전을 부르짖어야 할까?

균형발전 대신 정당한 배분을

지금까지 도시가 농촌을, 수도권이 비수도권을 착취해왔다면 이제 지원이 아니라 보상이 이루어져야 한다. 농업의 가치를 제대로 평가해 보상하고 비수도권의 일자리가 수도권보다 나쁘지 않도록, 비수도권에서 일하는 것이 자존심 상하는 일이 되지 않도록 인식과 조건 모두에서 보상해야 한다. 그러면 인구집중이 불러온 부동산이라는 무형의 장벽도 무너질 것이다.

이렇게 말하면 소멸할 곳에 왜 예산을 투입하냐고 묻는 사람들이 있다. 어떤 점에서는 지방소멸론이야말로 지역민의 불안을 부추기는 소리다. 우리가 아직 여기에 살고 있는데 왜 소멸이란 말을 들어야 하나? 영화 〈리틀포레스트〉에서 혜원이는 서울에서 왜 내려왔냐는 친구의 물음에 이렇게 답한다. "배고파서 내려왔어." 불안과 스트레스로 하루하루 전전긍긍하며 제대로 된 한 끼조차 누리지 못하는 공간, 심심하고 가끔은 불편하지만 감사하며 먹을 수 있는 공간, 어디가 먼저 붕괴할까? 왜 기성세대보다 청년세대가 이 물음에 더 감각적으로 반응할까? 이 물음에 답하지 못하는 사람들이 걱정하는 지방소멸은 그 삶의 자리에 서보지 않은 자의 기획일 뿐이다.

한국 사회의 불평등을 비판하는 여러 권의 책을 읽으면서 든 생각은 자산이나 '좋은 일자리'가 중요한 건 알겠는데, 그 좋음의 조건이 충분한가라는 물음이었다. 특히 '좋은 일자리'에 관한 이야기에서 기후위기나 지속가능성, 농업과 농촌이 언급조차 되지 않는다. 기후위기 시대에도 우리는 계속 살아갈 수 있을까? 능력주의는 과연 지금의 위기를 극복할 수 있을까? 위기의 원인이 위기의 대안이 될 수는 없지 않은가.

단순하게 생각하면 수도권이나 도시가 이렇게 강해진 건 중앙정부의 계획이었고, 그렇다면 비수도권이나 농촌이 원래의 능력을 되찾는 것도 계획에 따라 진행될 수 있다. 특히 지금까지는 선택과 집중이라는 전략이 성공적이었지만 앞으로도 그럴 수 있을까? 기후위기 시대에도 수도권과 도시는 위기를 겪지 않고 지금처럼 비수도권과 농촌을 지배할 수 있을까?

단순히 수도권이 비수도권에 무얼 해주어야 한다거나 배려해 달라는 말이 아니다. 과연 수도권은 비수도권에 '정당한 지불'을 해왔을까? 수도권은 에너지와 식량 같은 기본적인 재화만이 아니라 인력과 생태계까지 비수도권을 착취해왔다. 예를 들어 기업들의 본사가 대부분 서울에 있으니 지방의 산업이 흥해도 그 이익은 서울로 돌아간다. 그런 점에서 '균형발전'이 아니라 '정당한 배분'이 필요하다. 그리고 그 배분의 우선순위는 농업이어야 한다.

도시와 농촌, 산업과 농업, 수도권과 비수도권의 격차를 바로 평등하게 만들 수는 없고, 먼저 신분피라미드부터 해체해야 한다. 자기가 태어난 지역에서 교육을 받고 일자리를 구해서 살아가는 사회, 농촌에서 농사를 짓는 것이 부끄러운 일이 아니라 존중

받는 사회, 그런 사회를 만들어야 한다.

평등은 시혜가 아니라 마땅히 존중받아야 할 권리를 보장받는 것이다.

3장

시간의 신분화

유연적 전문화는
누구의 삶을 밀어냈나

한국에서 농민과 농촌이 이등시민, 식민지로 밀려났다면, 도시에서도 등급으로 분류되어 주변부로 밀려나 버려지는 삶들이 늘어나고 있다. 한국의 수도권/비수도권, 도시/농촌이 공간으로 등급화되어 있다면, 도시는 시간에 대한 권리로 등급화된다. 시간에 대한 권리란 무엇일까? 봉건사회에서 근대사회로의 전환은 사람마다 지역마다 달랐던 시간을 시계시간과 공장의 시간으로 통합시키는 과정을 동반했다. 9시 출근, 6시 퇴근이라는 정규직의 일상은 그런 시간에 바탕을 뒀고, 그 시간은 임금을 주고 고용한 사람의 시간이다. 반대로 공장이나 사무실을 나서면 시간은 다시 나의 몫이 된다. 남의 시간을 살 수 있는 자와 내 시간을 팔아야 하는 사람의 격차는 점점 더 벌어지고 있다.

신자유주의는 한편으로 이 시간을 더욱더 잘게 쪼개고 다른 한편으론 시간을 통제하던 감시탑을 해체해 각 개인이 스스로 시간을 관리하여 능력을 증명하도록 만들었다. 예를 들어, 삼성전자서비스의 노동자들은 시급도 아닌 '분급'을 받는 것으로 유명했다. 서비스 노동자들은 자재를 준비하거나 이동하거나 수리에 관해 설명하는 시간을 제외하고 오직 제품을 고치는 시간만을 분당 얼마씩으로 계산해 임금을 받았다. 삼성전자서비스는 2013년 분당 225원을 책정했다. 하루 8시간 꼬박 일하면 10만 원 정도를 받을 수 있다. 그런데 수리를 위해 이동하는 시간을 고려하면 하루 8시간을 온전히 일할 수 있는 사람이 있을까? 그러니 서비스 요청을 많이 받지 못한 노동자들은 최저임금에도 미치지 못하는 임금을 받아야 했다. 더 빨리 더 많이 일해 알아서 살아남아라, 이것이 신자유주의의 메시지다.

세계적인 대기업인 삼성전자에서 어떻게 이런 일이 가능했을까? 삼성전자서비스는 모기업인 삼성전자에서 분리된 자회사로, 법인이 분리되며 서비스도 외주화되었다. 그러면서 이런 기형적인 임금체계가 도입된 것이다. 다행히 노동조합의 투쟁으로 2018년 4월 삼성전자서비스가 협력업체 노동자들을 정규직으로 채용하며 노동조건은 나아졌지만 조합원 사찰이나 직장 내 괴롭힘 등 여러 문제가 계속 발생하고 있다.

그런데 기업이윤의 관점으로만 보면 삼성전자서비스의 노무관리는 가장 효율적인 체계다. 회사는 노동자들의 노동과 휴식을 일일이 통제할 필요 없이 작업하는 시간만 관리하고 일한 만큼만 임금을 지불하면 되기 때문이다. 노동자의 건강이나 안전, 복지에 대한 관심만 끊으면 문제 될 게 전혀 없다. 저비용, 고효율을 추구하는 신자유주의 노무관리의 끝판왕인 셈이다.

그런 점에서 좋은 일자리를 어떻게 나눌 것인가라는 고민은 바람직하지만 그 일자리가 얼마나 지속될지는 아무도 알 수 없다. 기업들은 지속적으로 좋은 일자리의 수를 줄여나가고 노동자를 쥐어짜는 시간관리를 보편화할 것이기 때문이다. 누군가가 맞서 싸우지 않으면 이런 식의 노동조건은 한국 사회에 어느새 금방 퍼질지 모른다. 아니, 이미 퍼지고 있다. 4차 산업혁명이라는 화려한 수식어로 포장된 '플랫폼 노동'도 비슷한 처지이기 때문이다. 4차 산업혁명은 인공지능(A.I)과 신기술을 내세우지만 실제 상품과 서비스를 전달하고 중간 틈새를 메우는 작업은 여전히 사람의 품을 필요로 한다. 시간 날 때 원하는 만큼 일할 수 있다는 조건은 매력적이지만 그 일의 대가만으로 살아갈 수 없는 사람들이 대부분이다. 그러나 앞으로 일자리 수백만 개가 사라질 것이라는 두려움은 불합리한 노동조건에 항의할 말조차 꺼내지 못하도록 만든다.

또한 노동자임에도 노동자라 말하지 못하는 노동자, 즉 고용되어 일하지만 사업자로 분류되는 '특수형태고용노동자'들은 플랫폼 노동 이전부터, 1997년 이후 학습지, 화물, 보험 등의 영역에서 계속 증가했다. IMF 이후 정리해고, 파견노동 등이 합법화되자 독립 자영업자가 늘어났다. 한국노동연구원의 계산에 따르면, 2018년 기준으로 이들은 약 220만 명이나 되어 전체 취업자의 8.2%를 차지한다. 그리고 방과 후 강사, 문화센터 강사, 가사도우미, 방문판매업자, 플랫폼 노동자들이 포함된 새로운 특수형태고용노동자도 2018년 기준으로 55만 명이나 되었다. 이처럼 불합리한 일자리가 여러 영역으로 계속 확산되고 있고, 휴식시간이 대기시간이 되어 자기 시간으로부터 소외되는 사람들은 점점 더 신분피라미드 아래층으로 떨어지고 있다.

이렇게 전통적인 노동 범주에 잡히지 않는 사람들은 계속 늘어나고 있다. 사회학자 지그문트 바우만(Zygmunt Bauman)은 《쓰레기가 되는 삶들》(Wasted Lives: Modernity and its Outcasts, 새물결)에서 이런 경제발전의 희생자들을 '잉여인간' '인간쓰레기'라 지칭했다. 농민이었던 도시 빈민, 이등화된 농촌으로 돌아갈 수 없는 또는 돌아가지 않으려는 도시인이 바로 잉여인간에 딱 맞는 이들이다. 이들은 경제발전 과정에서 의도되거나 계획되진 않았지만 발생할 수밖에 없었던 사람들이다. 그래서 실업률이 높아지고 잉여노동력을 흡수할 일자리가 줄어들면 잉여와 비잉여의 구분은 무의미해지고 바우만의 말처럼 "'쓰레기'로 지정되는 것은 이제 더 이상 과거처럼 일부 분리된 인구만의 문제가 아니며 모든 사람의 잠재적 전망이 된다." 그리고 "쓰레기로 분류되는 순간 차이, 개성, 성향은 모두 사라진다. 쓰레기는 재활용 대상이 아닌 한 섬세하게 구별하거나 미묘한 차이를 파악할 필요가 없다." 개인의 능력과는 무관하게 잉여로 만들어지고, 이들이 신분피라미드의 가장 아래층을 채운다.

1 우리 삶을 불안하게 하는 시간의 유연성

전통적인 노동 개념으로 보면 특수형태고용노동자나 플랫폼 노동자와 같은 유연한 노동력의 증가는 정규직 일자리를 줄일 뿐 아니라 파업과 같은 노동자들의 집단행동을 가로막을 수 있다. 정규직 일자리의 공백을 임시직이 메우기 때문이다. 언제든 일하기 위해 대기해야 하는 사람도, 이들에게 일자리를 빼앗길까 전전긍긍해야 하는 사람도 모두 힘들다. 그런데도 왜 노동자들은 이 노동의 유연화를 받아들였을까?

사회학자 데이비드 하비(David Harvey)는 《신자유주의: 간략한 역사》(*A Brief History of Neoliberalism*, 한울아카데미)에서 신자유주의가 노조의 관료주의를 공격하고 노조의 혜택을 받지 못했던 노동자들을 설득해 노동시장의 자율성과 유연성을 강화하도록 만들었다고 주장한다. 노동자들 스스로의 선택이 아니라 강요를 받았다. 국가가 세계화를 위한 정책으로 강요하면서 유연적 전문화와 탄력근로제는 피할 수 없는 시대의 흐름으로 받아들여졌고, 이 과정에서 자본을 가진 사람들은 엄청난 이득을 얻었고 노동자들은 같은 계급 내에서 서열과 차별을 경험하게 되었다.

고용신분사회의 출현

이런 변화를 좀 더 구체적으로 살펴보자. 경제학자 모리오카 고지 (森岡孝二)는 《고용신분사회》(갈라파고스)에서 같은 계급 내에서도 발생하는 신분 격차에 관해 이야기한다. 옛날에는 양반과 평민처럼 서로 다른 계급이 신분피라미드를 구성했지만, 지금은 정규직/비정규직/일용직처럼 같은 노동자계급 내에서도 신분의 차이가 발생하고 때론 이 차이가 세습된다. 고지는 한국과 비슷하게 일본에서도 정규직과 비정규직의 격차가 벌어지고 있다고 비판한다. 신분의 격차는 정규직 안에서도 발생하는데 "남성은 종합직이 많은 데 비해 여성은 일반직이 많고 직무, 근무지, 노동시간 등이 한정되어 있을 뿐 아니라 남성에 비해 신입 연봉이 적고 승급 곡선이 완만해 승격과 승진의 기회가 적다. 정사원 사이의 신분 격차에 편승해 정부는 고용개혁을 중심축으로 세워 경제성장을 이루겠다는 전략을 취했다. 그리하여 정사원을 더 세부적으로 나누는 '한정 정사원'을 도입하기도 하고, 중견 정사원이나 간부 정사원의 잔업수당을 없애는 '새로운 노동시간제도'(고도 프로페셔널 제도)를 도입하려고 한다." 이런 정부 조치들이 신분 간의 격차를 바로잡기는커녕 더욱더 벌어지게 만들어서 고용신분사회가 공고해지고 있다고 고지는 비판한다.

모리오카 고지는 일본에서 고용신분사회가 형성되기 시작한 시기를 1970년대 말에서 1980년대 초반으로 잡는다. 그 당시부터 시간제노동이 증가했고 주로 여성들이 그 노동을 담당했다. 고지는 "'회사형 인간'이라는 용어가 정착한 시기도 '정사원'과 마찬가지로 1980년 전후로 볼 수 있다"고 말한다. 정사원으로 살아남기 위해서는 삶의 기준이 회사가 되어야 했다. 그러니 회사형 인간은 회사에 대한 애정이 아니라 고용에 대한 불안정이 강요한 충성이었다.

일본에서 고용신분사회가 출현한 결정적 원인은 무엇이었을까? 일본에서는 1985년에 노동자파견법이 제정되며 고용 형태가 다양화되기 시작했다. 고지는 "파견 노동자는 제대로 된 고용이라고 볼 수 없을 뿐 아니라 제2차 세계대전 이전의 고용신분제에 가까운 노동형태"였고 "고용 형태의 차이를 고용신분의 차이로 전환시키는 추동력"이었다고 지적한다. 그러면서 "1990년대 이후 정규직 노동자는 감소하고 비정규직 노동자가 증가하면서 중산층이 몰락하고 빈곤층이 팽창했다." 일본은 한국의 상황을 먼저 겪은 셈이다.

고지는 "1980년대 후반 이래 고용과 노동 분야의 규제를 완화하고 노동법에 의한 보호와 권리가 점차 약화되면서 전전의 암

혹 공장을 연상시키는 가혹한 노동형태가 의식하지 못하는 사이에 되살아났다. 그리하여 차별적인 고용신분이 사회 전체에 확산되고 사람들의 사회적 지위와 노동 및 생활 실태가 고용신분에 의해 갈가리 찢겨버린 사회, 다시 말해 고용신분사회"가 세워졌다고 비판한다. 노동조건의 변화는 고용된 시간만이 아니라 일상의 시간에 영향을 미쳐서 인간의 자율성을 억누른다. 월급을 받아 한 달을 계획할 수 있는 사람과 일급을 받아 하루하루 살아가는 사람, 시급을 받는 사람이 똑같이 미래를 준비하기는 어렵다. 삶이 불안정하기 때문이다.

파견근로제와 정리해고제, 신분피라미드의 강화제

한국은 IMF사태 이후 1998년 2월 20일에 '파견근로자 보호 등에 관한 법률'이 제정되었고 7월 1일부터 시행되었다. 이 법은 "파견근로자의 고용안정과 복지증진에 이바지"한다는 명분을 내세우기는 했지만 실제로는 파견을 합법화하기 위한 것이었다. 제조업의 경우 직접적인 생산업무를 제외하도록 했지만 "출산·질병·부상 등으로 결원이 생긴 경우 또는 일시적·간헐적으로 인력을 확보하여야 할 필요가 있는 경우"(제5조 2항)에 파견을 허용해 여지를 남겼다. 노동자의 파견은 결원이나 일시적인 인력 확보에 그쳐야 하기에 1년을 초과하면 안 된다(제6조 1항)고 규정했지만 "파견사업주, 사용사업주, 파견근로자 간의 합의가 있는 경우에는 파견기간을 연장할 수 있다"(제6조 2항)고 예외를 인정했다. 그리고 제21조 1항은 "파견사업주와 사용사업주는 파견근로자라는 이유로 사용사업주의 사업 내의 같은 종류의 업무 또는 유사한 업무를 수행하는 근로자에 비하여 파견근로자에게 차별적 처우를 하여서는 아니 된다"고 규정하고 있지만 실제 현실에서는 수많은 차별이 일어나고 있다. 그러면서 한국도 일본처럼 고용신분사회로 굳어지고 있다.

문제는 IMF의 요구로 알고 있는 이 파견근로제와 정리해고제가 실제로는 한국 정부의 제안이었다는 점이다. 지주형은 《한국 신자유주의의 기원과 형성》(책세상, 2011)에서 이렇게 말한다.

정리해고제를 IMF 프로그램에 삽입하는데 결정적 기여를 한 사람은 5장에서 보았듯이 바로 강경식이 경제협력 특별대사로 위촉했던 김기환이었다. 하지만 노동유연화는 강경식과 김기환과 같은 원조 신자유주의자들만 원했던 것이 아니다. 임창렬도 동의했고 유종근도 적극 찬성했다. 다른 관료들의 입장도 이와 비슷했을 것이다. 정리해고제의 핵심은 알려진 바와 달리 정리해고 그 자체가 아니었다. 다른 수단을 통해서 정리해고가 충분히 가능한 상황이었기 때문이다. 정리해고제의 목적은 다른 데 있었다. 그것은 종업원 300인 이상 대기업의 해고절차를 명확하게 함으로써, 경제적으로는 해고를 신속하고 효율적으로 하고 외국인에 의한 인수합병을 촉진하는 효과가, 정치적으로는 노동의 반대를 억누르고 정리해고를 사회적으로 정당화하는 상징적 의미가 있었다. 그리고 무엇보다도 그것은 정리해고의 불안감을 심어줌으로써 노동운동의 근거지인 대기업 노동조합에 심리적인 타격을 주는 효과가 있었다.

2016년 12월 26일 당시 여당이던 신한국당(현 국민의힘)이 노동법 개정안을 날치기로 통과시켰고, 민주노총과 한국노총은 해방 이후 처음으로 전국 단위 총파업으로 이에 맞서 개정안의 주요 내용을 유예시켰다. 한국 정부는 정리해고를 공식화시켜 노동조합의 힘을 빼기 시작했고 노동자들이 불리한 조건을 받아들이도록 만들었다. 어떻게 보면 정부 관료들은 국가부도위기라는 엄청난 위기를 통해 노동조합을 협박해 자신들의 정책을 관철시킨 셈이다.

이 정책을 주도했던 관료들은 그 뒤에도 승승장구했다. 김기환은 골드만삭스 국제자문, 서울파이낸셜포럼 회장, 이명박 정부 국민경제자문회의 부의장을 지냈다. 강경식은 동부그룹 금융·보험 부문 회장과 상임고문, 국가경영전략연구원, JA 코리아 이사장을 맡고 있다. 임창렬은 새정치국민회의에 입당해 경기도지사가 되었고 〈뉴시스〉, 〈경기일보〉 등의 회장을 맡았다. 유종근은 전북지사를 거쳐 민주당 대통령선거 후보로까지 나섰으나 뇌물을 받아 수감되었고 출옥 후 대주그룹 회장이 되었다. 많은 시민들이 벼랑 끝으로 내몰릴 때 정리해고제를 도입했던 관료들은 그 뒤로도 잘 먹고 잘살았다. 이런 변화는 이득을 보는 신분과 그렇지 못한 신분으로 계층을 나눴고, 《세습 중산층 사회》에서 나타나듯 386세대 중 일부가 이 기회를 잡았지만 정말 나쁜 놈들은 따로 있다.

이제 노동자들은 언제 해고될지 모르는 불안감을 안고 살게 되었다. 기업은 손쉽게 사람을 쓰고 버렸고, 파견업체들은 엄청나게 성장했다. 2016년 3월 27일 〈한겨레〉의 기사 "파견업체 우후죽순…'사람 장사'는 불황 없다"에 따르면, 2014년까지 등록된 파견업체는 2468곳, 파견노동자 수는 13만 2148명으로 15년 동안 모두 3배 이상 증가했다. 파견업체는 노동자를 파견하고 임금의 4-12%를 관리비로 챙기니 말 그대로 사람 장사다. 그러면 관리라도 제대로 되고 있을까? 2018년 12월 17일 민주노총과 이정미의원실이 공동 주최한 '파견법 20년, (공단) 노동시장은 어떻게 바뀌었나?' 국회토론회에서 박준도 노동자운동연구소 연구원은 불법파견이 단순형, 전문형, 복합형으로 발전해왔다고 지적했다. 단순형은 원청과 하청이 직접 계약을 맺는 것이고, 전문형은 콜센터나 물류포장처럼 특정 분야 유사업종을 맡는 것이며, 복합형은 업종을 가리지 않고 사람을 파견하는 것을 말한다. 완전 불법이라고 할 복합형이 구인광고 669건 중 218건이었다고 박준도 연구원은 지적했다.

인간성 파괴와 위험의 외주화

이런 변화는 노동자들에게 어떤 영향을 미쳤을까? 사회학자 리처드 세넷(Richard Sennett)은 《신자유주의와 인간성의 파괴》(*The Corrosion of Character*, 문예출판사)에서 인간성은 "상대방을 신실하고 헌신적으로 대하고, 장기적 목표를 추구하며, 장래의 목적을 달성하기 위해 현재의 만족을 포기하는 것 등에 의해 표현"되는데, 신자유주의는 이 인간성을 훼손시켰다고 지적한다. 왜냐하면 신자유주의의 단기적이고 유연한 변화는 "다른 사람과 유대관계를 맺으면서 지속가능한 자아(sustainable self)의 의식을 간직하는 인간성의 특징들"을 파괴하기 때문이다. 유연한 불안정이 정상적인 상태로 받아들여지는 사회에서는 인간이 장기적인 가치를 추구할 수 없다.

세넷은 유연성을 추구하는 시스템을 구체적으로 분석하며 세 가지 특징을 지적한다. ①조직의 단편적인 개혁(discontinuous reinvention of institution), ②생산의 유연적 전문화(flexible specialization of production), 그리고 중앙권력이 없는 힘의 집중(concentration of without centralization of power)이다. 유연화된 시스템은 조직의 개혁을 부르짖지만 단기적인 이득을 얻기 위한 비합리적인 인력감축과 조직축소를 지향하고, 생산의 유연적 전문화는 소비자의 수요변화를 따른다고 하지만 더 많고 다양한 생산품을 더 빨리 시장에 내보내는 것이 목표다. 그래서 유연적 전문화에 빠르게 적응할 부문이나 사람들도 있겠지만 그렇지 못한 사람들은 혼란과 불안을 경험할 수밖에 없다. 관료적인 중앙권력이 해체되어 권한이 아래로 내려오지만 더욱더 철저하게 통제하는 불평등하고 불안정한 네트워크가 구성된다. 이런 네트워크에서는 권한에 대한 책임이 사라진다. 세넷의 말처럼 "사람들을 해고시키는 관리자는 없다, 대신 동료들 사이의 압력이 관리자의 직무를 대신한다."

이런 유연적 전문화의 의도하지 않은 결과는 산업재해다. 유연적 전문화는 최신기술을 도입하고 생산라인을 빠르게 변화시키지만 노동자들이 변화에 적응할 충분한 시간을 보장하지 않는다. 더구나 이런 유연화는 고용불안도 증가시켜서 노동자들이 단기적인 이익과 고용보장에 집착하게 만든다. 그러면서 비전문적인 일은 비정규직이나 사내하청으로 떠넘겨지고 이들의 노동조건은 더욱 악화된다. 한국 경제의 심각한 문제인 1, 2, 3차 하청으로 이어지는 하도급 구조는 비용절감과 인력감축을 더욱 심하게 압박하고 이는 대형 사고로 이어지고 있다. 한국의 산업재해 사망자 수는 2019년에만 공식통계상 2020명으로, 하루에 다섯 명 이상이 산업재해로 사망하고 있다. 그래서 혁신이란 말이 무조건 찬양되는 것은 위험하다.

세넷은 코로나19로 각광을 받는 재택근무도 이 "새로운 체계의 최종 지점"이라고 말한다. 많은 직장인이 재택근무를 원하지만 그것은 금융이나 전문직, 관리업무 같은 영역에서나 가능하고,

일은 탈중심화되었지만 노동자에 대한 통제는 더 직접적이고 전자적인 감시로 변했다. 보안을 이유로 관리장치가 집에 설치되고 개인의 일상도 회사의 관리망에 통합된다. 휴식과 노동의 균형을 잡는 삶이 행복하다는 '워라밸'이 얘기되지만, 실제 현실은 휴식과 일의 경계가 사라지면서 일강요사회, 노동강요사회가 만들어진다.

그리고 재택근무가 노동의 표준이 되면 재택근무가 불가능한 노동의 영역은 가능한 영역보다 시대에 뒤처진 것으로 평가되고 낮은 대우를 받는다. 집 밖으로 나가는 노동이 위험에 노출될수록 노동의 위계는 더욱 강해진다. 위험의 외주화라는 말처럼 위험한 노동은 값싼 노동이 되어 사회의 약자들에게 강요된다. 그래서 세넷은 규제가 없으면 삶이 편리해질 것 같지만 약육강식의 세계로 돌아가기 쉽다고 이야기한다. "위계적인 명령체계를 통해 이익금을 분배해주는 관료주의적 체제가 없는 곳에서는 이익이 권력을 지닌 최고위층에게로 돌아가고, 규제가 없는 체제에서는 모든 것을 장악하는 지위에 있는 사람들이 이익을 차지하게 된다. 유연성은 이렇게 승자만을 위한 시장을 만들어 불평등 현상을 심화시킨다." 능력이 없어서가 아니라 능력이 충분해도 그 능력을 쓸 곳이 없다. 세넷은 "능력과잉 현상은 유연한 체제의 특징인 양극화 현상의 한 징조"라고 말한다.

결국은 승자만을 위한 시장

이렇게 단기적으로 유연화된 사회에서 자기 시간을 갖지 못한 사람들이 인간다운 생활을 할 수 있을까? 세넷은 사회적 결속이란 근본적으로 상호의존 감정에서 시작되는데 신자유주의가 이런 의존관계와 감정들을 시대에 뒤처진 것으로, 스스로 하지 못하는 수치스러운 것으로 바꾸고 있다고 본다. 이런 정서는 공동체의 관계망을 파괴하고, "국가에 의존하는 사람들을 도움이 필요로 하는 사람들로 보기보다는 사회의 기생충으로 의심하고 무시한다. 또한 그 기생충들을 활동적인 사회 구성원들을 방해하는 존재라고 보고, 복지 조직망과 수혜자격을 파괴하면 경제가 더욱 유연하게 자유화한다고 정당화한다." 한국에서 차별과 혐오가 심해지는 건 이런 유연화된 사회와 무관하지 않다.

그런 점에서 상호의존과 능력주의는 공존하기 어렵다. 능력주의는 내가 잘하니까 다 하고 전부 가지는 사회이고, 상호의존 사회는 내가 할 수 있어도 타인이 할 수 있도록 남겨두고 그렇게 할 수 있도록 돕는 사회다. 사상가 조지 피에르 프루동(J. P. Proudhon)은 《소유란 무엇인가》(*Qu'est-ce que la Propriete?*, 아카넷)에서 이렇게 말한다. "6시간 만에 자기 일을 끝마칠 수 있는 노동자는 자기의 힘과 활동이 더 강하다는 구실로, 자기보다 덜 숙달된 노동자의 일감을 빼앗고 그리하여 그의 노동과 빵을 강탈할 권리가 있는가? 누가 감히 이런 주장을 고집할 수 있겠는가?

다른 사람보다 먼저 일을 마친 이는 원한다면 휴식을 취할 수 있으리라. 힘을 재충전하고 영혼의 양식을 얻고 삶을 쾌적하게 가꾸기 위해 운동이나 유익한 일에 몰두하는 것도 좋으리라. 그는 누구에게도 해를 입히지 않고 이런 일을 할 수 있다." 스스로 시간을 관리할 수 있을 때 다양한 능력이 발전될 수 있다. 능력 자체보다는 특정한 능력만을 우대해 최고가 되지 않으면 불안하도록 만드는 사회가 문제다.

세넷은 "위기가 닥쳤을 때 다른 사람에게 의존하는 것을 부정적으로 여기는 사회구조는 사람들 사이에 애정이 없는, 공허한 신뢰부재 상태를 이끌어낸다"고 말한다. 지금 우리 사회는 신뢰를 형성하고 있을까? 코로나19나 기후위기는 앞으로 더 많은 새로운 위기를 불러올 것이다. 유연하게 위계화된 사회가 이런 위기들을 잘 극복할 수 있을까? 그리고 위기는 모두에게 동일한 영향을 주지 않고 사회의 약자들에게 더 가혹하다. 신분피라미드의 아래층 사람들은 어떻게 위기를 버텨야 할까?

2 노동시간이 단축되어도
자유시간이 줄어드는 이유

유연화와 더불어 일상으로 스며든 자기관리는 공식적인 노동시간과 휴식시간의 경계를 허문다. 과거에는 일하는 시간을 줄이면 자유시간이 늘어난다고 생각했는데, 지금도 그럴까? 주 52시간 근무제가 일반화되면 52시간을 제외한 나머지 116시간은 자유시간일까? 좋은 일자리란 노동시간이 적고 자유시간이 많은 일자리, 노동시간에 비해 임금을 많이 받는 일자리일 텐데, 그런 노동이 계속 늘어날 수 있을까?

그림자노동을 강요하는 4차 산업시대

언론인 크레이그 램버트(Craig Lambert)는 《그림자노동의 역습》(*Shadow Work*, 민음사)에서 사람들이 스스로 해결하도록 강요당하는 일을 '그림자노동'이라 부른다. 신기술이 도입되고 많은 정보가 공개되어 전문지식이 대중화되고 사람들의 다양한 정보가 데이터화되면서 과거에는 타인에게 의존했던 일들이 스스로 하는 노동으로 변했다. 예를 들어, 과거에는 주유소에서 주유하고 식당에서 주문하고 은행에서 현금을 찾거나 송금하는 일들이 다른 사람의 노동을 필요로 했다면, 지금은 알아서 해야 하는 일이 되었다. 심지어 여행계획을 짜고 예약하는 과정을 스스로 준비하는 것이 더 바람직하거나 즐거운 일이라고 얘기된다. 그림자노동은 노동이 아닌 것처럼 얘기된다.

램버트는 이런 그림자노동이 활성화될수록 노동시장의 맨 밑자리를 차지하는 일자리들이 줄어드는데, 이런 기반이 무너지면 그것이 떠받치고 있던 상부구조도 무너질 수 있다고 이야기한다. 왜냐하면 단순노동처럼 보이는 일자리들은 단순한 기능 이상의 의미를 가지고 있기 때문이다. 예를 들어 주유소에서 기름을 넣는 건 단순노동이지만 기름을 넣으며 오늘의 날씨와 교통상황, 지역에 관한 다양한 정도 등이 오간다. 돈 있는 사람들은 여전히 누군가가 주유해주며 전하는 정보를 누릴 수 있지만 그렇지 않은 사람들은 스스로 주유하며 정보를 찾아야 한다. 그러면서 주유하는 노동자의 수는 줄어들고 노동조건은 점점 더 나빠진다. 이용자와 노동자 모두에게 손해를 끼치는 이런 변화는 주유소 주인에게 이득일 것 같지만 장기적으로 보면 소매업의 기반을 무너뜨리고 체인점들이 상권을 잡게 된다. 결국 여러 능력을 선

보일 수 있었던 주유하는 노동은 주유라는 한 가지 기능으로 제한되어 낮은 평가를 받고 사라진다.

램버트는 기계가 사람들의 관계에도 영향을 미친다고 본다. 가령 "키오스크는 사람들처럼 고객에게 이야기하지 않는다. 사람들은 즉흥적으로 일을 처리하고, 감정도 있고, 주변에서 발생하는 일에 관심을 기울인다. 사람들은 ATM과 진심에서 우러난 관계를 형성하지 않는다. 키오스크 대군이 몰려오고 자동기계장치가 관계 속에 침투한 결과, 인간의 본성에 이질적인 행동유형이 준비되면서 사람들의 습관이 다시 형성되고 있다. 기계는 사람들이 자기들처럼 행동하도록 부추기고 있다." 유연적 전문화와 함께 기계는 인간성의 형성을 방해한다. 싫으면 그림자노동을 하지 말라고 할 수 있겠지만 그림자노동의 영역은 점점 더 넓어지고 있다.

4차 산업이 각광받으면서 정보화는 사람들의 선호나 행동에 관한 다양한 정보를 요구한다. 그리고 그런 정보요구를 충족시키기 위해 더 많은 그림자노동이 요구된다. "이제 기업들은 그림자노동을 하는 고객에게 거래를 원만하게 처리하거나 물건을 구입할 생각이면 개인정보를 내놓으라고 정기적으로 요청한다. 고객은 인터넷에서 물품을 구입하기 위해 서점이나 은행, 신문, 공공시설, 스포츠팀, 의류 판매업체, 전화 사업자 등과 계정을 개설한다. 모두가 고객이 '계정'을 개설하기를 바란다. 이는 판매업체에게 연락처와 인구통계학적 데이터를 공급해줄 뿐 아니라 모든 거래를 추적할 수 있게 해주고 개인 프로필까지 만들어준다는 의미이다. 판매업체들은 그 프로필 덕분에 '추천 엔진'을 작동시킬 수 있다." 이렇게 많은 정보를 제공하고 필요한 노동을 하는데 대가는 없다. 기업은 무료로 모든 정보를 차지한다.

빅데이터의 시대라고 하지만 이 커진 데이터는 그림자노동을 강요하고 개인정보를 상품화한다. 기업만이 아니라 정부도 많은 양의 정보를, 높은 강도의 그림자노동을 시민들에게 요구한다. "건축허가서나 학자금 대출, 사업허가증, 자동차등록증, 운전면허증을 발급받기 위한 신청서 양식과 다수의 정부 규제 활동들로 인해 그림자노동이 물밀듯이 쇄도한다. 세금은 이 모든 것을 압도한다. 미국 국세청은 그림자노동을 발생시키는 최대 공급자일 수도 있다." 정보혁명은 이에 사생활에 관한 기본 원칙을 바꿔놓았다. "이제 사생활을 유지하려면, 사전에 그림자노동을 해야만 한다." 이제는 내 개인정보를 열심히 지워야 사생활을 보호할 수 있다.

시간의 빈부 격차

노동시간이 단축되면 늘어날 줄 알았던 우리의 자율적인 시간은 늘어나기는커녕 줄어들고 있다. 일상에서도 우리는 끊임없이 무언가를 해야 하고, 이 대가 없는 노동은 기업의 이윤으로 축적

된다. 더 심각한 점은 이런 그림자노동이 늘어날수록 단순노동으로 평가받는 일은 낮게 평가되어 사라진다는 점이다. 그리고 그림자노동 시간이 길어질수록 잠자는 시간도 줄어든다. 2017년 OECD 통계에 따르면, 한국인의 하루 평균 수면시간은 7시간 41분으로 회원국 평균인 8시간 22분에 못 미치는 것으로 드러났다. 이렇게 잠이 줄어들면 건강이 좋아질 수 없는데, 약자들은 점점 더 피곤한 일상을 산다. 시간의 빈부 격차는 사람의 건강에도 영향을 미친다.

램버트는 두 가지 영향이 나타날 것이라고 본다. 하나는 "사회가 원자화되고 고립된 수백만 명의 개인들로 산산이 분해"되는 것이다. 사람들은 단절된 상태에서 각자 그림자노동을 하고 자신의 필요를 충족시킨다. 여기서 타자가 들어설 자리는 없고 사회는 실질적으로 붕괴된다. 다른 하나는 "공동체에 지나치게 통합된 시민사회"다. 이 사회는 기업을 비롯한 거대한 기관들이 사람들의 일상을 관리하고 개개인의 선호보다 사회의 선호를 우선시하는 사회다. 램버트는 두 가지 영향 모두 바람직하지 않고 본다.

이것을 실감 나게 보여준 영화가 〈인 타임〉이다. 이 영화는 시간이 모든 것을 대체한 사회를 다룬다. 사람들은 25세가 되면 신체 노화가 멈추고 손목에 1년의 시간을 제공받는다. 이 시간으로 사람들은 경제활동을 하고 필요하면 은행에서 시간을 거래한다. 손목의 시간이 0이 되면 그 사람은 심장마비로 사망한다. 부자들은 엄청난 시간을 축적해 영생을 누릴 수 있고 가난한 사람들은 하루하루 일해서 시간을 받거나 다른 이에게 빌려야 한다.

사실 영화 속 사회에는 모든 사람들이 누릴 수 있는 시간이 있다. 부자들은 가난한 사람들을 관리하기 위해 시간을 통제하고, 이런 규칙을 깨려는 사람들을 '타임키퍼'를 통해 제거한다. 영화의 주인공들이 부자들에게 백만 년이란 시간을 뺏어 빈민들에게 나눠주자 사람들은 일을 접고 시간의 빈부로 나눠진 도시의 경계를 넘는다.

작가 미하엘 엔데(Michael Ende)의 소설 《모모》(Momo, 비룡소)에서 시간도둑들이 더 가치 있는 일을 하라며 사람들의 시간을 뺏는다면, 〈인 타임〉의 타임키퍼들은 시간이 양극화된 사회의 질서를 유지하며 진실을 은폐하는 사람들이다. 이들은 진실을 모르는 사람이 아니라 시스템을 지키는 것 외엔 둔감해진 영혼 없는 관료의 모습이다. 어떻게 사람이 그럴 수 있냐고 말할 수 있지만, 이들에게는 효과가 없다. 왜 그럴까?

사회의 토대를 허무는 공감 격차

생물학자 캐런 메싱(Karen Messing)은 《보이지 않는 고통》(*Pain and Prejudice*, 동녘)에서 '공감 격차'에 관해 이야기한다. 노동자들이 자신의 경험을 공론화하지 못하면서 현장노동자와 그 현장을 통제할 권리를 가진 사람들의 판단이 분리된다. "산재보상 여부를 결정하는 판사들이 조립라인의 노동조건을 상상하지 못하면, 그들은 작업관련성질환에 대한 보상 요청을 기각한다. 노동자들이 아픈 이유를 이해하지 못하는 과학자들은 노동자들의 족부 통증이 존재하지 않는 것처럼 결과가 도출될 수 있는 얼치기 연구를 설계하게 된다. 병원 청소노동자가 지닌 청소 업무에 대한 막대한 지식과 노력을 사업주가 모른다면 사업주들은 장비나 가구를 구입할 때 청소노동자들의 자문을 구하지 않게 된다. 결국 이는 비효율을 발생시키고 병원에서 질병을 유발할 수도 있다." 서로의 삶을 모르는 만큼 판단은 달라진다. 단순하지 않은 노동이 단순노동이라 폄하되는 이유도 그 때문이다.

이것은 단순히 서로의 고통에 주목하지 않는 슬픈 현실의 문제가 아니다. 메싱은 "공감 격차는 노동·과학·사회의 모든 면에서 막대한 비용을 발생시킨다"고 주장한다. "자신이 고용한 노동자들의 전문성과 조직체계를 인지하지 못하는 고용주들은 사업에 보탬이 될 중요한 기회를 잃는다. 그리고 불규칙하고 예측 불가능한 근무 일정으로 팀워크를 저해한 것에 대한 대가는 고용주만 치르는 것이 아니다. 노동자들과 그 가족들이 가장 큰 짐을 진다." 노동자들의 건강이 나빠지고 불의의 사고가 발생할 경우 사회는 전체적으로 큰 손해를 입게 된다. 그런 점에서 고통에 주목하는 건 사고를 줄이고 사회적 비용을 감소시켜 모두를 이롭게 한다.

2008년 한국에서도 대형마트의 노동자들이 앉을 수 있도록 의자를 마련하자는 캠페인이 있었다. 하지만 12년이 지난 지금도 마트 노동자들은 의자에 편하게 앉지 못한다. 2019년 6월 26일 민주노총 서비스연맹과 마트산업노조가 주최한 '마트 노동자 근골격계질환 개선을 위한 토론회'에 따르면, 대형마트 노동자가 서서 일하는 시간이 하루 평균 6.5시간에 이르고, 근골격계질환으로 병원 치료를 받은 노동자도 70%에 이르는 것으로 나타났다. 의자에 앉는 것만으로도 이런 질환을 상당 부분 예방할 수 있는데, 왜 노동자들은 서 있어야 할까? 메싱은 이것이 바로 '공감 격차'라고 지적한다.

이것은 단순히 현장노동자의 경험을 받아들이기 싫어하는 나쁜 관리자의 태도가 아니다. 공감 격차는 눈여겨보지 않고 그들의 의견을 중요하게 여기지 않기 때문에 생긴다. 메싱은 이런 격차가 과학의 질도 저하시킨다고 본다. "공감하느냐에 따라, 서 있는 것과 관련된 생리학적 현상을 이해하는 데 큰 차이가 발생"하기 때문이다. 특히 메싱은 이런 격차가 남성과 여성의 노동조건에서도 두드러진다고 본다.

과학자들은 또 여성들이 같은 조건에서 더 많이 불평하는 것처럼 묘사하는 경향이 있다.…여성들이 '저온'에 노출된다는 말은 섭씨 4-10도의 한 장소에서 하루종일 서서 일한다는 뜻이었다. 남성들이 '저온'에 노출된다는 말은 섭씨 영하 10도에서 영상 10도 사이의 온도에서 보통 이곳저곳으로 걸어다니는 것을 의미했다. 남성 식당 종업원은 같은 식당에서 일하는 여성에 비해 훨씬 덜 걷는다. 그래서 '걷기'는 남성보다 여성의 무릎이나 발에 더 영향을 미친다. 반면에 '중량물 들기'의 경우 여성이 더 가벼운 무게를 들게 될 것이고, 근골격계에는 여성의 부담이 적을 것이다. 그러나 남성이 주로 드는 것은 물건인 반면, 간병노동자의 경우 여성이 주로 드는 것은 움직이고 저항하는 사람이었다. 여성과 남성의 노동조건이 다르기 때문에, 우리는 노동조건을 연구할 때 남성과 여성을 분리해서 생각해야 한다고 제안했다.

이런 공감하는 과학이 늘어나야 노동조건이 좋아질 수 있는데, 지금은 그런 흐름이 없다. 과학기술이 유연화로 인해 나타나는 영향과 경험들을 주목하고 분석해야 삶이 안정될 수 있는데, 그런 노력이 부족하다. 그 이유는 유연화된 노동에 종사하는 사람들이 눈에 띄지 않고 사회가 그들의 경험에 귀를 기울이지 않기 때문이다. 그런 경험이 사라지는 것은 사회의 손실이자 관계의 붕괴다.

철학자 김현경은 《사람, 장소, 환대》(문학과지성사, 2015)에서 "우리를 사람으로 만들어주는 것은 추상적인 관념이 아니라 우리가 매일매일 다른 사람들로부터 받는 대접"이라고 말한다. 어떤 대접을 받는지, 타인의 인정을 받는지가 우리의 정체성을 세우고 권리를 형성하는 데 매우 중요하다는 얘기다. 그렇다면 언제나 부족한 시간과 심각한 공감 격차는 사회의 토대를 허물고 있다고 봐야 한다.

어차피 오래 볼 사이도 아닌데 저 사람 얘기를 뭐하러 들어, 이렇게 생각하면 서로에게 애착을 느낄 이유가 없다. 단기적이고 유연화된 노동은 노동현장에서의 관계를 이렇게 피상적으로 만들고 각자가 알아서 위험을 처리하도록 한다. 그리고 시간을 스스로 관리하는 사람과 시간을 관리당하는 사람의 격차는 더욱 벌어지고, 그 속에서 '갑질'을 하는 문화가 당연시된다. 신분피라미드는 완벽하게 서열화되어 상하층이 서로 관계를 맺을 필요가 없게 만든다. 그러니 서로의 상식이 분리되는 건 당연한 일이다. 관계가 사라지고 오로지 성과만이 가시화되는 사회, 지금 한국의 모습이다.

열정마저 노동으로 흡수하는 신분피라미드사회

사상가 우치다 타츠루(內田樹)는 사회비평가 오카다 도시오(岡田斗司夫)와의 대담을 기록한 《절망의 시대를 건너는 법》(메멘토)에서 성과주의란 '무시간 모델'이라고 주장한다. 성과는 긴 시간을 거치며 드러나는 것인데 성과주의는 그 시간을 중요하게 여기지 않기 때문이다.

무언가를 완성하는 경우, 결과적으로 어떤 결과물이 나오는가는 꽤 긴 시간을 들이지 않으면 알 수 없잖아요. 인간의 행위와 성과물 사이의 관계를 극단적으로 말하면, '관 뚜껑을 덮을 때까지는 알 수 없는 것'이니까요. '성과주의'라는 말을 입에 달고 사는 작자는 실제로 성과물이 지닌 힘이나 깊이, 혹은 영향력을 전혀 믿지 않는다고 볼 수 있어요. 인간행위의 가치나 의미의 심사기준은 하나가 아니잖아요. 여러 가지 도량형이 있으니까요. 어떤 행위를 금방 하고 나서 그 의미나 가치를 알 수 있을 때도 있는 반면, 반년 후에 알게 되거나 50년 후에야 가치가 알려지는 때도 있지요. 요즘 떠드는 성과주의는 기껏해야 기본적으로 4분기 간격으로밖에 계획을 세우지 않아요. 그런 것을 '성과주의'라고 부르는데 말 자체를 잘못 쓰는 겁니다.

단기적인 성과를 내야만 삶을 유지할 수 있는 사람과 장기적으로 성과를 준비할 수 있는 사람, 유연화된 사회에서는 임금이나 직책보다 이런 시간에 대한 권리가 더 중요해진다. 성과주의 사회에서 넘쳐나는 긍정성은 마치 신분피라미드가 존재하지 않는 것처럼 만들지만 시간의 격차는 점점 벌어지고 있다.

이영롱과 명수민은 《좋은 노동은 가능한가: 청년 세대의 사회적 노동》(교육공동체벗, 2016)에서 성과 위주의 경영 담론이 피로사회를 만든다고 지적한다.

규율사회에서는 그야말로 '하라' '하지 말라'는 '규율'에 의해서 노동이 이루어졌다면, 성과사회에서는 내 성과를 위해 내가 스스로에게 명한 (과잉) 노동이 이루어진다는 것이다. 때문에 이 사회에서는 할 수 없다는 부정성보다 '할 수 있다'는 긍정성이 범람한다. 이는 경영담론의 영역에서, 더 많은 성과를 내기 위한 노동자들의 자구적 노력이 회사 이윤과도 직결될 수 있다는 점, 또한 그것이 착취적 관계에 의한 것이 아닌 것처럼 '보이는' 효과를 갖는다는 점 때문에 유용한 경영기제로 검토될 수 있는 것이다.

피할 수 없으면 즐기라며 노력을 넘어 '노오력'을 요구하는 한국은 열정마저도 노동으로 흡수시키는 사회다. 열정이 자기착취로 번역되지 않도록 하려면 어떤 변화가 필요할까? 좋은 노동, 좋은 일자리는 어떻게 가능할까?

더 나아가 이영롱과 명수민은 이런 질문을 던진다.

누군가가 자발적으로 하는 일이 자율성에 기반을 둔 일이 아니라 '자기착취'에 의한 일로 번역되는 과정에서 어떠한 것들이 생략될까? 혹은 이러한 과정에서, 활동가 개인이 자신을 '착취'한다고 스스로 느끼게 만드는 노동이, 그 일하는 몸의 주인을 소외시키지 않는다고 말할 수 있을까? 이러한 변화는 오히려 사회와, 타인과의 연결을 위해 일하고자 하는 사회적 노동자 개개인의 소외를 더 가속화시키지 않을까? 이제 이러한 질문들은, 이윤 추구의 극단에 있는 영리 기업 직원들에게만 향하고 있는 것이 아니다. 우리는 이런 물음에 답할 준비를 해야 함을 인정할 필요가 있다. 이 '새로운' 흐름과 어떤 식으로 대면할 것인가.

우리는 이 질문에 어떻게 답할 수 있을까? 성과와 능력주의에 기반한 신분피라미드가 무너지고 자기착취가 사라질 수 있을까?

이영롱과 명수민은 '산 시간'과 '죽은 시간'이란 개념을 도입해 나름의 답을 한다. "연대와 평등, 힘, 자유를 동반한 공동의 활동(joint activity), 집합적 몸(collective body)이 되어가는 그야말로 활기찬 삶의 시간"이 산 시간이라면, "외로움, 무신경함, 소진, 좌절 등 한마디로 사회와 연결된 삶보다는 이로부터 분리된 한 개인의 삶으로, 또한 특별한 사건이 없는 사소한 '일상'으로 수렴되는 시간"이 죽은 시간이다. 산 시간이 좋은 시간이고 죽은 시간이 나쁜 시간 같지만, 이 둘은 불가피하게 서로 연결된 시간이다. 그리고 어떤 것은 산 시간, 어떤 것은 죽은 시간이라고 일방적으로 규정하기도 어렵다. 예를 들어, 청소를 하는 시간은 아까운 시간낭비로 여겨질 수도 있지만 마음속의 무언가를 털어내고 닦아내는 수양의 시간일 수도 있다. 그런 점에서 스스로 시간을 규정하고 관리하는 것이 매우 중요하다. 상품화된 시간, 물품이나 서비스를 소비하는 시간이 아니라 스스로 시간을 만들어내고 다른 관계를 맺을 수는 없을까? 그렇다면 '좋은 일자리'의 '좋음'의 기준도 달라질 수 있지 않을까?

3   누가 나의 쓸모를
정하나

'열정페이'라는 말이 있다. 인턴, 실습생, 수습 등으로 불리는 노동자들이 정당한 임금을 받지 못하면서도 자신이 원해서 하는 일이니 열정을 바치라는 요구에 꼼짝 없이 착취당하는 처지를 가리키는 말이다. 이들은 다양한 이유로 노동자성을 '일정 기간 뒤에만' 인정받는 불안정한 노동자다. 노동자가 되기 위해 열정을 불태워야 하는 사람들, 그렇지 않으면 노동자도 될 수 없는 사람들, 신분피라미드의 아래층을 채우는 사람들이다.

열정노동 강요의 시대

이미 10년 전에 한윤형·최태섭·김정근은 《열정은 어떻게 노동이 되는가》(웅진지식하우스, 2011)라는 책에서 이 문제를 다뤘다.

이들은 "열정은 고용, 사후평가, 자기계발의 모든 측면에서 주요한 고려 대상이 되었다. 그 어떤 공장과 사무실에도 '열정'이라는 이름의 서류는 존재하지 않지만, 그것은 그것들보다 더한 '물질성'을 갖고 어디에나 존재한다. 이 열정의 시대에 우리는 '자발성의 의무' '열정의 제도화' '노동자의 경영자화' 같은 형용모순이 제도로 정립되고, 심지어 도덕으로 선포되는 광경을 보고 있다"고 고발한다. 그리고 이런 열정의 제도화는 노동자에게 기업가의 정신을 가지라고 강요한다. "나는 누군가의 명령이나 받으며 시키는 일을 하는 그런 수동적이고 나태한 노동자가 아니다. 능력을 계발하고, 인맥을 형성하고, 몸값을 올리고, 비전을 갖고, 성공과 행복을 향해 달려가는 능동적인 존재이다." 이런 주문을 외우게 하는 캠페인들이 노동자를 1인 기업가로 만들고 끊임없는 자기계발을 강요한다. 10년이 지났지만 이런 강요는 줄어들기는커녕 더욱 강해지고 있다. 이제는 노동자가 아니라 노동자가 되려는 사람들에게도 열정이 강요된다. 어릴 적부터 준비하고 훈련해야 나중에 찾아오는 기회를 잡을 수 있다며, 신분피라미드의 조금 더 높은 층을 차지할 수 있다며 온 나라를 오디션장으로 만든다. '국민 프로듀서'라고 불렀지만 실제로는 맞장구쳐주는 관객일 뿐이었고 순위를 결정하는 진짜 PD는 따로 있었다. 그럼에도 내가 좋아하는 사람을 데뷔시키기 위해 나의 열정을 바치라고 강요한다. 정말 원한다면 비용도 서슴없이 지불하라고 당당히 요구한다.

조금씩 형태는 다르지만 이런 흐름은 몸과 정신 모두를 계발의 대상으로 만든다. 사람들에게 예쁘게 보이거나 팔릴 수 있는 몸을 만들고, 새로운 정보를 끊임없이 습득하고 정리하는 정신, 특별해지고 싶어서가 아니라 살아남기 위해 개인은 이런 몸과 정신을 스스로 만들어야 한다. 《열정은 어떻게 노동이 되는가》의 저자들은 이것이 "경영하는 주체로 인지하는 동시에 그것을 상품으로 대상화하여 시장에 내어놓는 담론"이고 "다이어트, 성형과 같이 육체를 관리하는 일이 자기계발의 매우 중요한 요소가 된 것도 자연스러운 일이다"라고 평가한다. 어느 순간 아름다움이 '뷰티산업'으로 바뀌고 한국이 세계 10위권 내의 뷰티시장이 된 것은 이와 무관하지 않다. 결국 "'열정노동'은 노동의 가치와 의미를 자본가가 아니라 노동자 스스로 찾아내도록 강제된 상황과 관련이 있다. 열정은 불안정성과 무의미함을 감내하는 태도를 요구한다"고 저자들은 비판한다.

　중앙정부와 지방정부가 너나없이 외치는 '청년창업'도 비슷하다. IMF사태 이후 불었던 '벤처열풍'이 엄청난 재정 낭비와 대규모 신용불량자 양산으로 끝났음에도, 이 사회는 청년들에게 창업을 권한다. 중소기업벤처부 같은 정부기관이 나서서 K스타트업(https://www.k-startup.go.kr/main.do)이라는 홈페이지까지 운영하며 청년창업을 권장하고 있다. 그리고 중소벤처기업진흥공단은 "우수한 제조 창업 아이템 및 4차 산업분야 등 성장 가능성이 높은 초기 창업자를 발굴하여, 창업 수 단계를 패키지 방식으로 일괄 지원하여 성공 창업기업으로 육성"한다는 '청년창업사관학교'를 운영하며 1천억 원에 가까운 예산을 쓰고 있다. 전 국민의 1인기업화라도 할 생각일까?

물론 다음이나 네이버, 카카오처럼 성공한 벤처사업도 있다. 그런데 조귀동은 《세습 중산층 사회》에서 소수의 성공사례도 "1964-1973년생 집단인 '386세대'는 이전보다 훨씬 더 자산을 많이 축적하고 있는, 즉 연령 요인이 자산 축적 정도에 미치는 긍정적 영향이 아주 강한 것"이라고 평가한다. 즉 소수의 성공한 IT산업은 실력도 있었지만 운이 좋았다는 이야기다. 이미 수많은 자영업자들이 영세 자영업 신세에서 벗어나지 못하고 있다. 이런 상황에서 소수의 사례를 청년들에게 강요하며 실패의 책임을 개인에게 묻는 것은 부당하다.

상황이 이러한데 소위 좋은 일자리를 누리는 삶은 행복할까? 좋은 곳에 취직을 해도 그곳에서 살아남으려면 끊임없이 자기계발을 해야 한다. 지금의 행복이 아니라 미래의 행복을 위해 끊임없이 현재를 유예시켜야 하는 삶, 능력주의 사회에서는 자기 시간을 넉넉히 채워놓은 소수의 기득권층을 제외하면 누구도 행복할 수 없다.

스스로 신분을 받아들이도록 만드는 사회

사회학자 사토 요시유키(佐藤嘉幸)는《신자유주의와 권력》(후마니타스)에서 신자유주의가 기존의 규율권력을 '환경개입권력'으로 전환시키고 있다고 주장한다. 환경개입권력이란 권력이 "개개인의 내면에 대해 작동하는 것이 아니라, 오히려 개개인이 놓여 있는 '환경' 또는 그 게임의 규칙에 작동을 가함으로써 환경을 균형화·최적화하고자" 하는 것을 말한다. 즉 경기 자체에 개입하지 않고 그 환경에 개입하고 경기 규칙을 설계해 목적을 달성한다. 유연적 전문화처럼 "환경개입권력은 규율 장치들을 통해 각 주체에게 관여하는 게 아니라 리스크 관리, 경쟁원리를 통해 환경에 개입한다는 점에서, 규율권력보다 훨씬 효율적인 권력이다." 이제는 '나를 통제하는 사람은 누구인가'를 찾는 것으로는 부족하다. 내가 이렇게 생각하도록 규칙을 만든 사람을 찾아야 한다. 신분피라미드 사회는 지배하는 힘을 과시하지 않고 사람들이 스스로 자신의 신분을 받아들이고 자기 자리를 찾아가도록 만든다.

다음이《신자유주의와 권력》의 핵심이다.

신자유주의 권력은 규율권력처럼 규범의 내면화를 통해 순종적 주체를 형성하는 것이 아니라 시장원리의 내면화를 통해 자기-경영의 주체를 형성하고, 그런 주체형성 모델에 적응할 수 없는 개인들을 가차 없이 사회 바깥으로 내던진다.

이제 단순히 순종하는 주체는 필요하지 않다. 그보다 시장원리를 내면화하고 이에 맞춰 끊임없이 자신을 계발하는 적극적인 주체가 요구된다. 그리고 이에 부응할 수 없는 사람들은 사회 밖으로 내몰린다.

흥미로운 점은 요시유키가 인적자본이론에서 '능력자본'을 다룬다는 점이다. 요시유키는 "인적자본이론에서 노동이란 마르크스가 말하는, 생산을 위해 어떤 기업에 일정 시간만 판매되는 노동력이 아니라 오히려 노동자가 지닌 적성·능력으로서의 '능력자본'이다"라고 평가한다. 여기서의 노동자는 "각자의 능력자본을 소유하고 그 능력자본을 투자해 임금을 받는 존재"이고, 소득은 능력자본에 따라 받는 임금이다. 따라서 노동자는 "'자기 자신에 있어서의 기업'"이다. 온 사회의 기업화인 셈이다. 이제는 성실한 노동자가 아니라 실력 있는 기업가가 요구되는 시대이고, 그러니 능력주의가 더욱 판을 친다.

한국에서는 정부가 인적자본 투자에 앞장서고 있다. 교육부가 한때 교육인적자원부였고, 지금도 '인적자원개발기본법'이란 법이 있다. 이 법에 따르면, 인적자원은 "국민 개개인·사회 및 국가의 발전에 필요한 지식·기술·태도 등 인간이 지니는 능력과 품성"을 가리키고, 인적자원 개발은 "국가·지방자치단체·교육기관·연구기관·기업 등이 인적자원을 양성·배분·활용하고, 이와 관련되는 사회적 규범과 네트워크를 형성하기 위하여 행하는 제반활동"을 가리킨다. 한마디로 온 사회가 똘똘 뭉쳐 인적자원을 개발해야 한다는 말이다. 그리고 이런 사업을 중앙행정기관과 지방자치단체가 지원하도록 법으로 정해놓았다. 이 정도면 온 사회가 인간을 자원으로 보고 개발하려 한다고 볼 수 있다. '국민교육헌장'이 규율권력의 헌장화라면, '인적자원개발기본법'은 환경개입권력의 정책화, 경제의 사회화라고 볼 수 있다.

이는 단순히 공장이나 사무실의 유연화로 그치지 않는다. 경제가 사회의 모든 것이 되고 경제적 합리성이 모든 것의 판단기준이 된다. '좋은 일자리'에 대한 집착도 그리 다르지 않고, 일자리가 삶 전체를 좌우하는 것도 마찬가지다. 불평등한 현실을 고발하고 비판하는 연구들도 실제로는 그런 경향을 어찌할 수 없는 것으로 내면화한다. 이미 고정된 자산과 일자리 중심으로 세상을 본다.

요시유키는 이를 '호모 이코노미쿠스'라 부르며 "환경(즉 시장)의 변화에 대응해 자신을 가역적으로 변화시킬 수 있는 경제주체/행위자(agent)"라고 본다. 그래서 "신자유주의적 통치는 시장원리로 사회체를 전면적으로 뒤덮어버림으로써 쉽게 '조작가능'(maniable)하고 '통치가능한'(gouvernle) 주체, 즉 시장원리를 내면화한 자기-경영의 주체를 만들어내는 것이다."

당연히 이런 변화는 자연스럽게 이뤄지지 않는다. 국가와 기업은 이런 주체화의 방식을 따르지 않는 사람을 '쓸모없는 사람'으로 만든다. 한국에서 충(蟲)이라는 단어가 혐오의 표현으로 널리 확산되는 건 이런 현상과 무관하지 않다. 요시유키는 이를

'신자유주의적 통치'라 부르고 그 특징을 두 가지로 요약한다. "첫째, 복지국가를 채우고 있던 '사회적인 것'을 경제적인 것으로 치환하고, 사회체의 구석구석까지 시장원리와 경쟁원리로 가득 채운다는 것. 둘째, 규율적 주체를 대신해 시장원리를 주체의 자기관리원리로 한 '자기 자신의 기업가'를 모델로 삼아 그런 시스템에 적응할 수 없는 사람을 사회 바깥으로 내던져버린다는 것."

이런 사회에서는 상층으로 올라가지 못하는 사람들, 올라가는 것이 구조적으로 차단된 사람들은 아무리 열심히 일해도, 냉정하게 말하면 열심히 일할수록 더욱더 가난해진다. '노동빈곤' (working poor)라는 말이 이런 현상을 반영한다. 김태완·최준영이 쓴 "청년의 빈곤실태: 청년, 누가 가난한가"(《보건복지포럼》 2017년 2월호)에 따르면, "청년 1인 가구의 빈곤율은 2011년 12%대였지만 이후 늘어나 2014년에는 21.2%까지 높아졌다. 이는 연령을 기준으로 볼 때 노인빈곤율 다음으로 높은 수준이다." 심지어 "분석 결과를 보면 2005년 19-34세 청년층이 2015년 29-44세가 돼도 빈곤율은 크게 줄어들지 않는다. 2015년 기준 19-34세 청년층이나, 일부 연령이 겹치기는 해도 2005년 기준 청년층이 2015년에 29-44세가 된 경우나 빈곤율은 거의 유사하다. 이는 청년층일 때 한 번 빈곤을 경험하게 되면 다시 빈곤을 경험할 가능성이 높아진다는 점과, 청년층이 나이가 들어도 빈곤 경험이 잔상으로 남아 탈빈곤할 가능성이 낮아진다는 점을 보여준다." 한 번 가난해지면 그 가난에서 벗어나기 어렵고 한 번 밀려나면 다시 사회로 돌아오기 어렵다는 이야기다. 공고해진 신분피라미드 사회에서 우리는 어떻게 살아야 할까?

시간에 대한 권리 회복

사상가 이반 일리치(Ivan Illich)는 《누가 나를 쓸모없게 만드는가》(느린걸음)에서 '현대화된 가난'에 대해 이야기한다. 현대화된 가난이란 "산업생산성이 가져다준 풍요에 기대어 살면서 삶의 능력이 잘려나간 사람들이 겪어야 하는 풍요 속의 절망"으로 "이 가난에 영향을 받는 사람은 창조적으로 살고 주체적으로 행동하는 데 필요한 자유와 능력을 빼앗긴다." 노동빈곤이란 말처럼 현대화된 가난은 어렵고 힘든 시기가 아니라 풍요로운 시기에 나타나고 가난하고 어려운 사람들만 겪는 현상이다. 스스로 농사를 지어 먹을거리를 장만하고 필요한 물건을 만들 줄 알던 사람들이 상품화된 사회에서 생활하면서 자기 능력을 잃어버리고 상품을 살 돈을 벌지 못해 가난에 빠진다.

　일리치는 다양한 능력을 가진 사람이 상품화된 사회에서 겪는 무력함에 대해 이야기한다. 애초에 우리는 무능력하지 않았다. 그런데 이 사회는 지불능력을 갖지 못한 사람은 대우하지 않는다. 스스로 삶을 꾸려갈 수 있는 자급기술은 쓸모없어져버렸고 직업이 없으면 그 어떤 의미 있는 일도 할 수 없다. "직업도 없는 가난한 사람이 고용되지 않은 상태로 할 수 있는 의미 있는 일은 노동시장이 확장되면서 없어져버렸다. 직장 밖에서도 의미 있는 일을 할 자유가 사라진 것처럼 스스로 선택하는 행위로서 '집을 짓는 일'은 이제 사회 이탈자 아니면 한가한 부자가 누리는 특권이다." 스스로 시간을 관리하고 알아서 의미 있는 일을 찾는다는 점에서 배제된 자는 부자와 같은 상태다. 일리치는 관점을 뒤집으면 시간에 대한 권리가 회복될 수 있다고 본다. 부자가 아닌 이상 더 이상 시간을 관리받지 않겠다는 생각은 사회에서 배제될 위험을 가지고 있다. 하지만 어차피 내부에 있어도 신분피라미드에 짓눌릴 수밖에 없다면, 다른 선택도 가능하다.

물론 이런 선택은 사회에서 지워져버릴 수 있기 때문에 쉽지 않다. 그리고 전문가들은 끊임없이 그런 선택이 위험하다고 지적한다. 그러나 스스로 자신의 필요를 규정하지 않으면 규정된 필요에 종속되기 쉽다. '다들 그래', '다들 그렇게 살아'라는 말은 우리를 구속한다. "소비자가 보살핌과 상품에 대한 권리를 요구하면 할수록 그 권리는 기업과 전문가의 권리가 된다. 이 권리를 통해 그들은 소비자를 휘어잡고, 그들이 만든 상품을 공급하고, 그 상품을 통해 고용되지 않고도 일을 할 수 있는 환경을 하나씩 지워버린다."

이런 경향은 우리 현실에서도 나타나고 있다. 가부장제 사회에서 여성에게 전담되었던 보육이나 양육, 가사일, 노인돌봄 같은 돌봄노동이 사회화되고 공공화되는 것은 좋은 일이지만 시장화되어 서비스 상품이 되고 더구나 다른 여성들이 저임금으로 일하는 불안정한 노동이 되는 것은 나쁜 일이다. 여전히 돌봄은 여성의 전담 영역이고 다른 노동에 비해 부수적인 노동으로 간주된다. 2020년 5월 14일에 열린 민주노총 간담회 자료집 〈돌봄노동자 코로나19 증언대회〉에 따르면, 여성가족부 주관의 '아이돌봄지원사업'에서 일하는 아이돌보미가 전국에 2만 3천 명에 이르는데, 약 30%가 월 60시간 미만 일하고 시급은 8600원으로 최저임금 수준이라 전체 평균임금이 90만 원에 불과하다. 중증장애인의 활동을 지원하는 장애인활동지원사는 전국 약 8만 명인데 시급은 최저임금이고 임금이 체불되는 경우도 있다. 지역아동센터에 파견되어 아동의 기초학습을 지원하는 아동복지교사 처우도 최저임금이나 저임금 수준에 머물고 있다. 왜 그럴까? 대부분 여성들이 일하고 누구나 할 수 있는 보조적인 노동으로 규정되기 때문이다. 이것은 왜 전문적인 노동이 아니란 말인가? 그리고 이렇게 시장화되는 과정에서만 노동의 가치가 인정되어야 할까?

이반 일리치는 전문가들이 사람들의 필요를 규정하고 이를 상품화하는 것을 비판한다. 상품이 개인에게 만족을 주기 때문에 사람들은 자신의 능력을 기르지 않고 점점 소비에 매달리고 그러면서 점점 더 무능해진다. 일리치는 이런 현상은 경제성장과는 별개의 문제라고 보고 "사람들이 참여하거나, 참여하고 싶어 하는 의미 있는 활동을 기업의 상품과 전문가의 서비스가 대체해버린" '근원적 독점'의 문제를 지적한다. 이런 독점이 깊어질수록 인간의 자율성은 점점 더 마비된다. 이런 독점은 생태적인 사회가 만들어져도 똑같이 유지된다. "근원적 독점에서는 태양에너지로 자동차 엔진을 돌리고, 풍력으로 바퀴를 굴려도 초고속 교통은 유지된다. 교육받는 시간이 길어질수록 스스로 답을 찾고 탐구하려는 시간과 능력은 줄어든다. 모든 분야에서 어느 지점을 지나 상품이 생산되면 인간 행동에 적합한 환경의 질은 떨어진다. 서로 보완하며 상승효과를 내던 사용가치와 상품은 이때부터 역효과를 만들어낸다."

공생의 정치

그런 점에서 일리치는 한편으로 절제가 필요하다고 주장한다. 단지 욕망을 억누르는 것이 아니라 어떤 도구든 지나친 사용을 억누르는 것이다. 일리치는 이런 절제야말로 서로의 가치를 돌아보게 하고 다양한 문화가 싹틀 수 있도록 도울 것이라 본다. 고용되지 않아도 시간과 권한을 자기 자신이나 이웃들과 나눌 수 있고 "자신과 이웃에게 의미 있는 일을 하기 위한 자유"를 누릴 수 있다.

일리치의 주장은 좋은 일자리가 필요하지 않다는 말도 아니고 일자리가 공정하게 분배되어야 한다는 점을 부정하는 것도 아니다. 일리치는 그런 정의만으로는 부족하고 좀 더 조화로운 방법이 필요하다고 본다. 그것을 일리치는 '공생의 정치'라 부른다. 이것은 "사용가치를 만들 수 있는 자유를 공정하게 분배하기 위한 저항"이자 "기업과 전문가가 만든 상품으로부터 혜택을 가장 적게 누리는 사람에게 사용가치를 만들 가장 큰 권한을 부여하도록 생산의 우선순위를 매김으로써 자유를 실현하려는 저항"이다. "정치적 절차를 통해 한 사회가 생산할 부와 일자리에 한계를 설정해야만 부와 일자리 모두 공평하게 나누어져 누구나 자유롭게 누릴 수 있다. '공생의 정치'는 이러한 통찰에 근거한다." 좋은 일자리를 나누는 것만이 아니라 일자리와 부의 한계를 정하고 자유시간을 확장해야 현대화된 가난과 근원적 독점이 사라질 수 있다.

그런 점에서 우리는 '좋은 일자리'가 특정 세대에 집중되면서 발생하는 불평등에 관해 따져야 하지만 좋은 일자리란 과연 무엇인가라는 근본적인 물음도 함께 던져야 한다. 성과주의 사회가 요구하는 능력은 어떤 과정을 밟든 목표를 달성하는 능력이다. 그 목적을 달성하기 위해 경제적 자본, 사회적 자본, 문화적 자본이 모두 동원된다. 그런데 그렇게 달성된 목적이 그 사람을 존엄하게 만들 수 있을까? 지배당하는 것보다 지배하는 것이 더 좋겠지만, 먹이사슬의 최상위 포식자가 아닌 이상 불안은 영혼을 잠식한다.

사상가 앙드레 고르(André Gorz)는 《프롤레타리아여 안녕》(Adieux au prolétariat, 생각의나무)에서 노동시간의 축소는 피할 수 없는 현실이라고 보았다. 이미 우리 사회의 생산수준은 그렇게 많은 노동시간을 필요로 하지 않는데 일하지 않으면 먹을 수 없다는 사실을 각인시켜주기 위해 일을 하도록 만든다. 그런 점에서 고르는 노동시간과 자유시간의 구분도 의미를 잃어가고 있다고 본다. "만일 해방된 시간이 매스미디어가 만든 오락 프로그램들을 시청하거나, 현실의 여러 일들을 잊게끔 만들어주는 상품들에 빠져들거나, 사적 영역의 고독 속으로 침잠하는 일로 그럭저럭 채워지고 대신 '여가'가 부재한다면, 노동시간의 축소는 개인적 자율성의 영역이 확장되는 데 기여하지 못한다." 그렇기 때문에 스스로 자율성을 늘릴 수 있는 다양한 방법과 장소들이 있어야 한다. "아파트, 구, 시·읍·면에, 개인들이 상상력을 좇아 무언가를 수리하고 자율적으로 제작할 수 있는 아틀리에를 만들 필요가 있다. 도서관, 음악실, 영상실도 마찬가지다. 라디오와 텔레비전은 '즉석에서 만든 프로그램'을 내보낼 수 있어야 하고, 짧은 여행과 커뮤니케이션 활동과 자율 물물거래를 할 수 있는 공간도 있어야 한다." 신분피라미드의 해체는 아무도 힘든 일을 하지 않는 사회가 아니라 누구든 힘든 일을 맡아야 하는 사회가 만들어질 때 가능하다.

그렇다고 고르는 어쩔 수 없이 해야만 하는 고된 노동이 자동화되어 사라지거나 노예처럼 일하는 타인에게 대체되어야 한다고 생각하지 않는다. 오히려 그런 타율적 노동은 최대한 공공화되어야 하고 좀 더 쉽게 짧은 시간 내에 해결할 수 있도록 기술적으로 배치되어야 한다. 고르는 "사회적으로 필요한 노동의 대부분을 전 국민들에게 분배하고 그 노동시간을 평균 하루에 몇 시간씩으로 축소할 수 있는 유일한 방법은 그 노동을 평범화하는 것이다. 평범화를 통해서만 각자가 여러 종류의 노동을 연속적으로 효율적으로 할 수 있거나, 자신의 일부 시간을 몇 개의 타율적인 활동들에 나누어 사용할 수 있다"고 말한다. 이보다 더 "중요한 일은 필연성의 영역과 자율성의 공간을 분리하는 것이다. 그리고 공동체 운영의 필연성을 법·금지·의무사항으로 객관화하는 것이다. 간단히 말해, 개인들이 폭넓은 자율성을 얻고 자신들에게 고유한 목적들을 위해 서로 연합하고 협력할 자유가 있는 영역이 존재하기 위해서는 관습과 구분되는 '법'의 존재, 사회와 구분되는 국가의 존재가 필요하다." 나의 나라와 너의 나라로 이원화된 사회에서는 이런 자율성을 위한 연대가 불가능하다. 신분피라미드를 무너뜨려야 자율성이 가능하다. 좋은 일자리도 중요하지만 개인의 자율적인 활동을 보장하면서도 연대하고 협력할 수 있는 영역을 사회적으로 확보하는 것이 중요하다.

일리치나 고르 모두 정치의 역할을 강조했다. 여기서의 정치는 시간과 마찬가지로 시민을 소외시키는 대의민주주의만을 뜻하지 않는다. 공동체의 구성원으로서 사회가 어떤 방향을 향해야 하는지에 관한 합의를 모으고 이에 대한 책임을 나누는 시민으로서의 정치, 신분피라미드의 존재를 의식하면서 서로의 위치를 평등하게 맞추려는 시민들의 정치, 이런 정치가 필요하다.

손쉬운 대안은 또다시 전문가들의 손에, 능력주의의 포획에 말려들기 쉽다. 힘들고 어려워도 이제 우리의 고민을 시작하고 우리의 시간을 확보해야 한다.

4장

시민운동마저 능력주의에
포획된 이유는 무엇인가

한국에서 시민운동은 사회의 불평등을 바로잡고 사회정의를 요구하는 중요한 역할을 맡아왔다. 그런데 2020년 5월 7일 이용수 일본군 위안부 피해자가 '일본군성노예제 문제해결을 위한 정의기억연대'의 전 이사장이자 국회의원 당선자인 윤미향을 비판하는 기자회견을 열면서 시민단체의 투명성과 도덕성이 큰 쟁점으로 떠올랐다. 이 논쟁에서 시민운동의 과정과 방식, 회계와 후원금 사용처, 시민단체 활동가의 제도정치 진출 등 다양한 쟁점들이 제기되었다. 보수단체나 보수정당, 보수언론들이 이를 기회 삼아 부당한 논쟁을 벌인 것은 사실이지만 시민단체도 반성하고 점검해야 할 부분들이기도 하다. 능력 있는 사람, 능력 있는 단체가 운동을 주도하는 관행은 시민사회 내에도 깊이 자리 잡고 있기 때문이다.

사실 시민단체의 투명성이나 도덕성과 관련된 논란이 처음은 아니다. 김영삼 정부 때인 1997년 5월, 대통령 아들인 김현철이 한보그룹 뇌물 수수와 연합뉴스(YTN) 사장 선출 등에 개입한 혐의로 구속되었다. 그런데 경실련의 한 간부가 이런 개입 사실이 녹화된 비디오테이프를 훔쳐가고 양심선언을 담은 비디오테이프도 감췄다는 사실이 밝혀지면서 큰 파문이 일었고 당시 유재현 사무총장은 책임을 지고 사퇴했다.

경실련과 함께 시민운동의 한 축이었던 참여연대는 사건 이후의 수습을 맡았던 유종성 사무총장을 인터뷰해 〈월간 참여사회〉(1999년 9월호)에 "1등 콤플렉스가 '경실련' 사태를 불렀다"라는 글을 실었다. 이 인터뷰에서 유종성 사무총장은 "경실련 내부의 조직적 긴장은 주로 전문가 집단과 상근운동가 집단 사이에 있었다"고 고백한다. 금융실명제나 재벌개혁 같은 경실련의 정책대안은 전문가들이, 그것을 언론에 보도하고 토론하는 건 운동가들이 맡았는데, 그런 역할분담에 대한 갈등이 있었다는 이야기다. 그리고 서경석 초대 사무총장을 비롯한 일부 상근자들이 정치에 참여하거나 경실련 출신 전문가들이 김영삼 정부나 김대중 정부에 입각하면서 발생한 상호불신을 지적한다. 권력감시를 하는 시민단체가 직접 권력을 가져도 되는지는 그때나 지금이나 논쟁의 주제였다. 이런 갈등과 불신을 조직 내부의 의사결정 단위가 조정해야 했는데, 몇몇 사람들의 입김이 강하다보니 민주적인 의사결정도 어려웠다고 유종성 사무총장은 토로한다. 이것은 시민운동의 초기부터 전문가나 능력 있는 소수의 사람들이 운동을 주도했음을 뜻한다. 그 이후 이런 갈등과 불신을 해소할 방법이 조금씩 마련되었을까?

시민운동의 위기와 혁신이 이야기되는 와중에 김대중 정부는 2000년 1월 12일 "비영리민간단체의 자발적인 활동을 보장하고 건전한 민간단체로의 성장을 지원함으로써 비영리민간단체의 공익활동 증진과 민주사회 발전에 기여함을 목적"으로 하는 '비영리민간단체지원법'을 제정하고 4월 13일부터 시행했다. 이 법에 따라 아래 여섯 가지 요건을 갖추고 중앙행정기관이나 지방자치단체에 등록된 단체는 정부의 지원을 받을 수 있게 되었다.

① 사업의 직접 수혜자가 불특정 다수일 것.
② 구성원 상호 간에 이익분배를 하지 아니할 것.
③ 사실상 특정 정당 또는 선출직 후보를 지지·지원 또는 반대할 것을 주된 목적으로 하거나, 특정 종교의 교리 전파를 주된 목적으로 설립·운영되지 아니할 것.
④ 상시 구성원 수가 100인 이상일 것.
⑤ 최근 1년 이상 공익활동 실적이 있을 것.
⑥ 법인이 아닌 단체일 경우에는 대표자 또는 관리인이 있을 것.

이 법에 따라 비영리민간단체에 대한 지원금은 계속 늘어났고, 2012년부터는 안전행정부의 지원사업만 약 147억 원에 달했다. 항상 사업비가 부족했던 시민단체들이 중앙/지방정부의 지원을 받게 된 건 좋은 일이지만 지원금을 놓고 시민단체들 간에 경쟁이 일어난 것도 부인할 수 없다. 그리고 정부지원금을 받는 것 자체가 '관변'은 아니지만 권력감시 기능에 대한 의심이 늘어난 것도 사실이다. 힘과 권한이 생긴 만큼 시민단체도 감시의 대상이 되어야 한다는 목소리가 나오기 시작했다.

박상필은 "1990년대 이후 한국 시민사회의 발전"(《기억과 전망》 2012년 겨울호)에서 김대중 정부 하에서 비정부기구(NGO)의 수가 2만여 개로 늘어났고 활동 영역도 기존의 정부 감시 및 비판에서 공공서비스와 사회서비스 공급으로 넓어졌다고 본다. 그리고 2000년에는 총선시민연대가 만들어져 합법과 불법의 경계를 넘나들며 낙천낙선운동을 벌였다. 이에 일부 정치인이 정계를 은퇴하거나 불출마를 선언했고, 112명의 공천 반대자 중 58명이 공천에서 탈락되고, 86명의 낙선 대상자 중 59명을 낙선시키는 성과를 거뒀다. 그러나 박상필은 "시민 없는 시민운동을 비롯하여 백화점식 조직화, 전문성 부족, 권력 지향, 정부와 기업에 대한 재정 의존, 단체의 중앙집중, 국제활동의 부족 등으로 시민단체는 비판받곤 하였다"고 지적한다.

시민단체의 수가 늘어나면서 단체 간 경쟁구도가 형성되고, 거버넌스의 명목으로 행정체계로 편입된 활동가들의 수가 늘어나면서 비판과 감시라는 시민단체 본연의 기능이 상실되었다는 비판도 제기되었다.

시민단체도 내부 민주주의를 제대로 실천하지 못했다는 비판도 받았다. 활동가들이 두 차례나 집단사직했던 '평화박물관' 사태, 마찬가지로 활동가들이 집단사직했던 '유엔인권정책센터' 사태는 시민단체 내부의 노동문제라는 화두를 던졌고, 이 화두는 지금도 깔끔하게 정리되지 못했다.

시민운동이 내·외부적으로 고민해야 할 다양한 문제들이 잘 정리되지 못하는 건 앞서 문제로 지적했던 능력주의와 신분피라미드가 시민단체 내부에도 영향을 미치기 때문이다.

1 수도권으로 집중된 구조를 바꾸지 못한 이유

한때 시민운동 내에서 '등 단체'라는 말이 유행했다. 보통 언론들이 환경운동연합, 경실련, 참여연대처럼 큰 단체들의 이름만 보도하고 작은 단체들은 '등 몇 개의 단체' 이런 식으로 표기하는 것에 대한 작은 시민단체들의 자조적인 반응이었다. 실제로 시민들은 큰 시민단체들의 이름이나 들어봤지 작은 단체들의 이름은 거의 알지 못한다. 비수도권에 있는 많은 '○○참여연대' 같은 단체들도 시민들은 서울에 있는 참여연대의 지부 정도로 생각한다 (환경운동연합이나 경실련과 달리 참여연대에는 지부가 없다).

사실 이 '등 단체'는 제2장에서 말한 수도권/비수도권의 격차를 반영한 것이기도 하다. 핵심적인 중앙행정부처들이 서울에 있다보니 기자회견은 주로 서울에서 열리고 서울에 있는 큰 단체들이 주도한다. 언론사도 대부분 중앙 언론사이다보니 지방의 소식은 거의 보도하지 않는다. 재난이나 사고도 서울에서 일어나야 실시간으로 보도된다고 할 정도다. 그러다보니 서울에 있는 규모가 큰 시민단체들이 운동을 주도하고 여론을 만드는 일이 반복되었다. 정부나 비영리재단의 지원금도 자연히 그런 단체들을 중심으로 배분되고 그 단체들의 활동이 더욱 주목받는 일이 반복되었다. 일종의 빈익빈 부익부 구조가 시민운동 내에서도 만들어진 셈이다.

시민운동 내부에서도 작동한 능력주의

2006년에 〈시민의신문〉이 발간한 《한국민간단체총람》에 따르면, 1997년 약 3900개였던 시민단체가 2006년 약 2만 3500개로 늘어났다. 그런데 서울과 수도권에 위치한 시민단체가 전체의 54.7%, 서울에 위치한 시민단체가 37%나 된다. 하승창은 "90년대 중앙집중형 시민운동의 한계와 변화에 관한 연구"(연세대 석사학위 논문, 2005)에서 시민운동이 정책대안을 "공청회, 토론회, 입법운동 등의 방식과 결합하여 구체적인 정책과제를 사회적 아젠다로 만들어내는 데 성공하였다"고 평가한다. 그러나 의약분업을 거치며 시민단체의 전문성이 도전을 받고 회원 증가가 정체되면서 일련의 위기를 겪게 되는데, 하승창은 그 구조적 원인을 중앙집중형 운동방식에서 찾고 네트워크형 운동방식으로의 전환을 제안했다. 당시 미군 전차에 목숨을 잃은 심미선, 신효순의 죽음에 항의했던 2003년의 촛불시위는 이 제안의 가능성을 증명하는 듯했다.

그러나 이런 지적에도 시민운동의 관성은 바뀌지 않았다. 수도권으로의 초집중 현상이 해결되지 않듯 시민운동의 중앙집중 현상도 바뀌지 않았다. 이슈파이팅 중심의 시민운동은 여전히 기자회견과 성명서 발표, 토론회를 주된 활동수단으로 삼았고, 행사가 언론을 타려면 언론사들이 위치한 서울에서 열려야만 했기 때문이다. 이호는 《풀뿌리운동, 새로운 복원》(포도밭출판사, 2017)에서 "90년대의 시민운동은 주로 자신의 주장을 성명서 같은 방식으로 표현했고, 이를 언론에서 자주 다뤄줌으로써 그 존재감이 컸었다. 하지만 2000년대에 들어서면서 언론에서도 시민운동의 주장을 그리 잘 다뤄주지 않았다. 시민들과의 소통수단이 막힌 것이다. 이는 언론에 기댄 성명서 중심의 운동이 지닌 한계를 여실히 보여줬다"고 평가한다.

비슷한 맥락에서 이호는 시민운동의 "영향력 약화의 배경에는 기존의 시민운동이 주로 시민들을 대변(advocacy)하는 방식이라는 점이 있다. 2000년대에 들어서면서 시민운동의 많은 의제들이 정부에 의해 수용되었다. 그리고 무엇보다도 시민들은 시민운동이 이제 더 이상 자신들의 가려운 곳을 긁어주지 못한다고 판단했다"고 덧붙였다. 앞서 하승창이 지적한 문제들이 비슷하게 지적되고 있다.

문제의 원인이 밝혀지고 있음에도 시민운동이 방향전환을 하지 못하는 이유는 무엇일까? 그 중요한 원인 중 하나는 바로 소수의 능력 있는 대표나 사무처장들이 단체를 이끄는 시민단체의 내부구조라고 생각한다. 1년에 한 번 열리는 회원들의 총회, 한 달에 한 번 열리는 운영위원들의 운영위원회, 상시적으로 운영되는 사무국, 사무국을 책임지는 대표나 사무처장, 한국의 시민단체들은 대부분 이런 구조를 가지고 있다. 총회가 가장 중요한 의사결정기구라고 하지만 사실상 사무국이 제출한 1년 계획을 승인할 뿐이고, 운영위원들이 단체의 실무를 맡지 않으니 사무국의 판단이 중요하다. 그리고 실무를 능력 있게 추진할 수 있는 대표와 사무처장, 그들이 가진 사회적 자본과 문화적 자본이 언론이나 정치, 기업과의 연결고리를 만든다. 능력주의는 시민운동 내부에서도 작동한 셈이다. 이렇게 움직이다보니 모든 자원이 집중된 수도권을 벗어날 수 없고 중앙집중식 운동방식을 포기할 수도 없다.

2000년대에 들어서면서 지역운동과 풀뿌리운동이 대안으로 얘기되기도 했지만 시민운동은 구체적인 전환전략을 마련하지 못했다. 시민운동이 지역으로 가는 건 신분을 낮추는 것이고 기존의 관계망과 운동자원을 포기해야 가능했기 때문이다. 전문적인 능력을 갖추고 사회적인 인정을 받기에 서울만한 공간은 없다. 그러면서 시민운동의 흐름은 소위 '선택과 집중'을 강조하는 방향으로 갔고, 정책대안을 제시하고 이를 실현하려는 과정에서 제도정치권과의 만남도 잦아졌다. 명성을 얻은 운동가들은 스스로 정치권력을 쥐려고 시도했고, 시민단체는 이런 개인의 움직임을 통제할 방법이 없었다.

이렇게 해결되지 못한 구조적인 문제는 조직 내부에서 두 가지 문제를 파생하기 시작했다. 하나는 활동과 실무의 분리이고, 다른 하나는 조직 내부의 민주주의다.

활동가와 실무자 사이

어느 순간부터 시민단체 내부에서도 활동가라는 말보다 실무자라는 말을 자주 쓰기 시작했다. 활동(活動)과 실무(實務)의 차이는 무엇일까? 활동이라는 말에서 뭔가 역동적이고 기획하는 느낌을 받는다면, 실무는 말 그대로 실제 업무를 담당하는 심심한 느낌이다. 이영롱과 명수민은 《좋은 노동은 가능한가》에서 "활동가에 비해서 실무자들은 '좀 더 효율적으로 의사결정을 해야 하는 측면'도 있으며, 경우에 따라서는 조직의 문제를 능숙하게 해결하기 위해 비록 비민주적으로 느껴질지라도 위계관계 혹은 체계적인 분업에 기반을 둔 업무 형태를 유지해야 할 필요가 생긴다. 때문에 협동조합에 필요한 사람을 구할 때도, 노동과 활동 사이의 구분과 긴장이 하나의 쟁점이 된다"고 지적한다.

이런 현상은 두 가지 지점에 대한 고민을 요구한다. 첫째, 위계적인 분업체계를 염두에 둔 실무자가 늘어난다는 건 어떤 의미일까? 능력 있는 대표나 사무처장, 사무국장이 프로젝트를 따올 수는 있지만 그와 관련된 모든 실무를 처리하지는 못한다. 이미 사업방향과 자원이 정해졌으니 이를 '성실하게' 수행할 실무자가 필요하다. 그런데 정부나 기업, 재단에서 지원받는 프로젝트가 늘어나고 이를 지표나 지침에 따라 집행하는 실무자가 늘어나는 것이 시민단체의 자율성 강화에 어떤 영향을 끼칠까? 실무를 하더라도 운동의 목적과 그 목적을 실현하기 위한 실제 사업의 간극을 좁히려는 노력이 필요한데, 그런 노력이 어느 정도 진행되었을까?

둘째, 어쩔 수 없이 실무가 필요하다면 그런 실무를 하기 위한 조직 내부의 체계는 어떻게 갖춰지고 있나? 앞서 대부분의 시민단체들의 내부구조는 실무에 적합한 구조도 아니고 실무자의 실무능력을 성장시키는 과정도 없었다. 실무를 하려면 그 실무에 맞는 시스템을 별도로 갖춰야 하는데, 《좋은 노동은 가능한가》에 따르면, 그런 노력조차 없었고 리더십은 실패했다. "더 고질적인 것은 '기본적으로는 선배들의 태도'였다. 시스템이 없는 것뿐만이 아니라, 시스템을 만들지 않고, 이를 만들어야 한다는 문제의식 자체가 부재하다. 때문에 청년 활동가들에게 무엇이 필요하며, 이들이 어떤 면에서 부족함을 느끼는지, 일의 의미와 재미를 찾지 못하게 되는 이유는 무엇인지 등의 질문이 오지 않는 것이다. 이렇게 불균등한 관심사와 고민 속에서는 쌍방의 소통도 일어나기 어렵다. …임금인상을 하는 것 혹은 의미 있는 역할을 부여하거나 정보를 공유하는 것, 밥을 사며 격려하는 것, 편지와 작은 메모를 쓰는 것 등 정지현이 보기에 신입 활동가를 지지하고 키우는 과정은 크고 작은, 매우 다양한 방식으로 가능한 것임에도, 그것이 조직이 할 일의 우선순위 목록에는 속하지 않는다. 때문에 그는 많은 비영리 조직에서의 '리더십이 실패했다'고 본다."

이런 상황이다보니 시민사회운동 쪽에서는 사람 구하기가 어렵다는 소리만 계속 들린다. 이래저래 할 일은 많은데 믿고 일을 맡길 만한 사람이 별로 없다는 얘기다. 시민사회단체의 허리라 부를 수 있는 30-40대 층이 아주 얇아졌다는 얘기도 들린다. 외부 회의에 가보면 거의 매번 똑같은 사람들이 모여 마치 동창회처럼 이야기를 나눈다는 말도 듣는다. 단체마다 사정은 다르겠지만 운동을 이어갈 새로운 인물들이 등장하지 못하고 있음은 분명하다.

시민단체에 관심을 가진 청년들이 아예 없는 건 아니다. 시민단체에서 활동하다 몇 년 버티지 못하고 나온 청년들도 있고 관심만 가졌다가 다른 일자리를 찾는 청년들도 있다. 그들에겐 일종의 공포가 있다. 한국 사회의 다른 부문처럼 '열정페이'를 강요당하다 제대로 경력도 못 쌓고 그만둬야 하는 건 아닌가, 하는 공포. 실제로 많이 지적하는 바도 '기획'의 권한이 없다는 것이다. 밖으로는 괜찮다고 소문난 단체도 막상 들어가보면 의사소통이나 의사결정이 민주적이지 않다는 거다. 권한은 주지 않은 채 일만 시키려 한다는 거다. 마치 젊으니까 쉬지 않고 일하는 것이 당연하다는 듯. 옛날에 우리가 그렇게 살았으니 너희도 당연히 그렇게 살아야 한다는 듯. 활동/실무의 분리는 이렇게 단체의 의사결정 구조와 맞물려 있다.

이분법에 익숙한 조직문화

시민단체의 조직문화도 문제다. 굉장히 배려하는 듯 얘기하지만 실제로는 말 속에 뼈가 있고, 밖에서는 진보적인 이야기를 쏟아내면서 내부에서는 봉건귀족처럼 군다는 거다. 차이와 다양성을 존중한다고 말하지만 보통 그 말이 나오는 시점은 뭔가 이미 문제가 벌어진 뒤다. 시민단체가 부패한 권력과 싸우며 도덕성을 강조하는 것은 좋지만 그러다보니 이분법에 익숙해진다. 저쪽이 사악한 권력이면 이쪽은 착한 시민단체. 하지만 모든 면에서 완벽한 사람이나 단체는 없다. 언제라도 잘못된 길을 걸을 수 있다는 점을 인정하고 잘못을 바로잡으려는 노력을 해야 하는데, 도덕성을 내세우다보면 스스로를 무결점의 존재로 간주하기 쉽다. 그리고 문제를 지적하는 목소리를 흠집을 내려는 불순한 의도로 오해한다. 여기는 기업과 달라, 라고 말하지만 말고 무엇이 다른지를 증명해야 하는데, 그런 노력이 없었다.

　물론 운동에는 열정이 필요하고 어느 정도의 자기희생도 필요하다. 그러나 비민주적인 내부구조와 문화에서 열정이 노동으로 변하는 것은 한순간이다. 열정이 열정으로 지속될 수 있는 구조를 만들어야 할 텐데, 시민사회운동은 그런 전환을 준비하고 있을까? 이런 상태라면 열정페이를 강요하는 기업과 시민운동이 크게 다를 바가 없다.

변화를 위한 참고서가 없는 건 아니다. 더이음과 서울NPO지원센터가 제작해 배포한 〈개인과 조직이 함께 성장하는 질문과 대화 워크북〉은 질문을 던지며 답을 찾아갈 수 있도록 제작된 참고서다. 크게 세 가지 영역, 노동권, 휴식·성장, 조직문화로 구성된 워크북은 다시 세분된 주제로 나눠 이야기할 수 있도록 구성되어 있다.

노동권	휴식·성장	조직문화
• 임금·활동비 • 노동시간과 휴가 • 노동계약과 조직 내규	• 교육과 성장, 경력개발 • 쉼과 재충전 • 조직과 개인의 동반성장을 위한 비전 공유 • 일과 삶	• 성평등 • 민주적 의사결정구조 • 책임과 권한, 연대와 네트워크, 협업과 협력 • 일하는 태도와 방식, 관계 • 사생활 • 평가·성찰·회고

이 워크북은 "시민사회 활동의 원칙을 정하고 다양한 입장 차이가 담긴 문제의식과 논의가 촉발될 수 있는 사례를 담고 이를 토론할 수 있는 정보를 제공하여, 단체 내에서 내부적으로 이야기를 하면서 자신만의 약속을 만들거나 도움을 줄 수 있는 안내

서가 세대와 분야를 넘어 더 나은 시민사회로 나아가는데 작은 전환의 시작이 될 수 있다는 생각으로" 준비되었다. 예를 들어, 임금·활동비는 아래와 같은 기본원칙을 두고 "임금 협상의 주체는 누구이고 결정권한과 재정확보의 책임은 누구에게 있는가?"라는 질문을 서로 나눈다.

- 활동가는 적정한 임금을 받아야 하는 '노동자'다.
- 임금의 결정은 구성원들과의 협의과정을 거친다.
- 조직 내 주요 의사결정기구에서 매년 활동가의 임금을 의제로 다루고, 조직의 재정 계획 수립시 활동가의 인건비 지출을 우선순위에 둔다.

모범답안은 없다. 이런 식으로 서로 묻고 이야기를 나누는 과정에서 시민운동의 기본방향을 재설정할 수 있다고 생각한다 [이 워크북은 서울NPO지원센터 블로그의 '공익정보·자료 아카이브' 카테고리나 더이음 홈페이지(theconnect.co.kr)에서 검색하면 찾을 수 있다].

운동의 전망 다시 세우기

또 하나 심각한 문제는 오래된 활동가들도 자기 운동의 전망을 제대로 세우지 못하고 있다는 점이다. 그리고 운동의 정체성이 회원이나 시민들에게 제대로 전달되거나 소통되지 못하고 있다. 그러면서 다음 세대에게 더욱더 운동의 전망이 없어졌다. 우리는 왜, 어떤 운동을 하고 있는가, 라는 질문에 스스로 답하기가 갈수록 어려워진다. 그냥 옛날부터 잘해왔던 일이라서 하는 거라면, 그것이 시대와 호흡하는 운동일까? 이영롱과 명수민은 "시민운동계에서 오래 활동해온 세대 중 상당수가 중앙정부나 지방정부의 소위 '거버넌스' 속으로 들어가고 있다는 사실은 조직의 사무국장, 대표를 거치면 더 이상 올라갈 곳이 없는 시민사회단체의 구조적 문제를 보여주지만 그뿐 아니라 그들 역시도 운동의 정체성과 방향을 분명히 찾고 있지 못함을 보여주기도 한다. 때문에 '세대문제'로 발화되는 비영리 섹터, 사회적 노동 영역의 문제는 단순히 구성원 간의 세대가 다르기 때문에 필연적으로 오는 세대 갈등이라는 표면적인 분석을 넘어서, 사회적 섹터 전반에 걸친 세대를 아우르는 구조적 문제로 접근해야 한다"고 지적한다.

새로이 운동의 활력소가 될 20-30대는 지금의 운동에 흥미를 느끼지 못하고, 30-40대는 이런저런 이유로 시민운동에서 빠지고 있으며, 40-50대는 정부로 빨려들고, 60-70대는 원로인 양 참견하기 좋아하는 것이 지금의 현실이다. 이런 흐름을 바꾸기 위한 어떤 노력이 있었던가? 어느 순간 우리는 시민의 언어가 아니라 국가나 자본의 언어로 운동을 설명하고 있는 게 아닐까? '사업의 전망'밖에 주지 못하면서 '운동의 헌신'을 요구하는 모순은 운동의 지속가능성을 위협한다.

물론 운동에는 헌신이 필요하다. 하지만 헌신은 외부의 강요가 아니라 자기 내면의 결의로부터 나와야 한다. 열정은 필요하지만 그 열정을 쏟을 방향은 그가 살고자 하는 삶과 운동의 태도와 무관할 수 없다. 그런 헌신과 열정을 가졌다고 판단되던 풀뿌리운동도 요즘은 운동이 아니라 '사업'만 보이는 것 같다. 마을공동체, 사회적 경제 등이 정부의 의제로 채택되면서 '와, 마을이다'가 아니라 '여기도 마을사업이야?'라는 느낌을 받게 된다.

대표들은 손쉽게 다른 단체를 만들어 활동하고, 밑에 있는 간사나 실무자들은 쉽게 갈 곳을 잃는다. 시민단체를 경험한 청년들은 정나미가 떨어져 다시 운동에 관심을 두지 않는 경우도 있다. 이것은 운동이 자신의 기반을 스스로 갉아먹는 행태인데, 이에 대한 반성은 아직 접하지 못했다.

시계바늘을 거꾸로 돌리는 듯한 한국의 상황을 보고 있으면 다시 활동가의 시대가 필요한 게 아닌가, 라는 생각도 든다. 하지만 그런 활동을 담당할 활동가가 있을까? 자기 사업에 매몰되지 않고 사회의 전체적인 상황과 구조적인 문제점을 간파하고 이를 활동으로 만들 사람이 길러지고 있나? 실무자가 아니라 활동가로서 세상을 보고 시민과 손잡을 사람들이 성장하고 있나? 활동 연차나 지적 권위가 아니라 치열한 소통과 따뜻한 공감으로 자신의 지평을 열어갈 사람들이 성장하고 있나? 아직까지는 이런 물음만 생긴다. 답은 잘 읽히지 않는다.

조직 내부의 민주주의도 많이 얘기되지만 진도가 나가지 않는 문제이다. 실무자가 활동가로 성장하려면 조직문화가 바뀌어야 하고 권한과 책임의 변화도 필요하다. 그런 결정은 어떻게 내려질 수 있을까? 내부의 의사결정 단위가 그런 판단을 해야 하는데, 대부분의 시민단체에 있는 운영위원회나 이사회가 그런 중요한 결정을 내릴 수 있을까? 앞서 살핀 〈개인과 조직이 함께 성장하는 질문과 대화 워크북〉은 모두가 참여하는 회의와 대화 문화를 만들기 위해 다음과 같이 제안한다.

- 최종 결정을 하기 전에 구성원들에게 명확한 의사를 확인할 필요가 있다.
- 회의는 대화하고 토론하고 함께 결정하는 자리이지 통보하는 자리가 아니다.
- 조직의 공식적인 의사결정은 정관이나 내규 등에 따르는 절차에 의해서 한다. 뒤풀이 등 비공식적인 자리에서 논의할 수 있으나 결정해서 통보하지 않는다.
- 조직의 의사결정과정에 참여하지 못한 사람이 자료와 근거 등을 요구할 때 이를 설명하고 공개해야 한다.
- 의사결정을 잘 하기 위한 중요한 요소는 정보이다. 판단과 결정에 필요한 정보는 공평하게 공유되어야 한다. 또 모든 구성원의 참여가 보장되는 구조에서 의사결정이 이루어져야 한다.

- 회의에 참여하는 것은 과정, 논의, 정리를 함께 하는 것이다. 회의 참여 후 뒷정리도 모두의 일이다.
- 동일한 발언기회만으로는 불충분함을 인지한다.
- 조직의 중요한 의사결정 구조에는 실제 일하는 사람, 즉 활동가 참여를 원칙으로 한다. 이 참여는 단지 경청과 참관만 의미하는 것이 아니라 실제 의사결정을 함께 할 수 있는 권한을 의미한다.
- 의사결정에 참여한 사람 모두가 책임도 함께 진다. 제안 자체의 적절성부터 논의과정 이후 실행과 평가까지 포함한다.

이 외에도 단체 구조를 바꾸기 위해 학교처럼 개방형 이사제도를 도입하는 것부터 평간사협의회나 활동가일반노조를 만드는 것, 평간사들이 소통할 수 있는 단체 간 협의체를 만드는 것, 시민사회단체 활동가들에게 적용되는 표준노동약관을 만드는 것, 새로운 단체를 지지하는 협의체기금을 만드는 것 등 다양한 방법을 생각할 수 있다.

실제로 참여연대에는 평간사노조가 만들어졌다. 이조은 첫 노조위원장은 〈민중의소리〉와의 인터뷰(2019년 1월 8일)에서 "노조가 문제가 있다고 해서 만들어지는 건가요? 저희 창립선언문에도 있는 얘기지만, 저희 목표 중 하나는, 더 건강하고 더 민주적인 참여연대를 만드는 데 기여하자는 거예요. 대화를 하면서, 때론 단결된 목소리로 그러한 참여연대를 만드는 데 노조가 기여할 수 있다고 생각합니다"라고 말했다. 조직 내부의 문화가 건강해질 때 조직의 힘도 살아날 수 있는 법이다.

개인적인 노력으로 신분피라미드를 무너뜨리는 건 불가능하다. 그 힘을 약화시키려면 약자의 힘도 조직되어야 한다. 시민단체의 완벽함을 바라는 것이 아니다. 어디에서도 힘의 불균형이 생길 수 있음을 인정하고 그것을 바로잡을 수 있는 장치를 만드는 것이 중요하다. 그래야 신분피라미드에 균열이 생긴다.

2 시민운동 리부트가 필요하다

한때 '시민 없는 시민운동'이라는 말이 유행했다. 이 말은 전문가나 활동가가 시민단체를 운영하고 시민 참여가 부족하다는 시민운동의 자기반성 과정에서 처음 사용되었다. 그러다가 시민운동을 비난하려는 사람들이 이 말을 가져다 쓰기 시작하며 유행어가 되었고, 상당히 강력한 비판의 언어가 되었다.

이렇게 말이 잘못 사용되면서 말의 뜻을 바로잡으려는 노력도 있었다. 활동가도 시민이고, 회원들의 참여를 유도하기 위해 시민단체들이 노력하고 있으며, 중앙이 아닌 지역으로 가면 시민들이 단체를 운영하고 활동가의 역할을 맡는다는 반박이 대표적이었다. 어느 누구만 시민이라 얘기할 수 없고 사람이 운동을 하는 것이기에 사실 시민 없는 시민운동이란 모순된 말이라고 할 수도 있다.

그런데 '시민 없는 시민운동'이라는 말은 운동이 스스로를 반성하기 위해 사용된 말이기도 했다. 이런 자기반성이 어느 정도로 운동의 방향을 바꾸었을까? 전문가와 활동가들이 중앙언론(지역 풀뿌리언론은 배제되었다)을 대상으로 기자회견을 열고 이슈파이팅을 하는 모습은 얼마나 바뀌었을까? 법과 제도를 바꾼다는 명목으로 전문가들이 단체의 주요한 자리를 차지하며 중앙/지방정부와 협상을 벌이는 방식은 얼마나 바뀌었을까? 열심히 회비를 납부하거나 회원 동아리를 꾸리는 것 외에 딱히 회원의 역할이 없는 단체의 내부구조는 얼마나 바뀌었을까?

지금도 여전히 중요한 시민운동

지금으로부터 25년 전인 1996년 5월 13일 〈한겨레〉는 시민운동의 위기를 점검한다며 "회원들 자발적 참여 거의 없어 정체성 흔들/회비납부도 저조, 대중보다 언론 의식 자성"이라는 제목으로 "87년 6월항쟁 이후 우리 사회에서 꾸준히 영향력을 확대해온 시민운동이 시민들의 외면 속에 심한 정체성 위기에 시달리고 있다. 특히 15대 총선에 시민운동권의 대표적 인사들이 대거 출마했다가 낙선한 뒤 중견 운동가들의 공백과 운동의 순수성 훼손 논란 등으로 어려움이 더해졌다"는 기사를 실었다. 지금 읽어도 별로 다를 것 없는 상황이다. 시민운동은 그동안 자신을 성찰하고 혁신하는 과정을 밟아왔을까?

이호는 《풀뿌리운동, 새로운 복원》에서 "시민운동은 2000년대 들어 '시민 없는 시민운동'이라는 비판을 받아왔으나 이에 대한 진지한 고민은 적었다. 오히려 회비 내는 회원들의 숫자를 제시하며 시민운동의 양적 성장에 안주하는 경향도 있었다. 결과적으로 시민운동단체는 시민과의 소통에 둔감했던 것이다"라고 평가한다. 과거에는 회원과의 만남을 의식적으로나마 조직하려고 했는데 요즘은 그마저도 후원의 밤 정도의 행사로만 치러지고 있다. 그러면서 시민단체 내에서 회원의 자리는 점점 줄어들었고 회원 수도 점점 줄어들고 있다.

이런 와중에 뉴라이트라 불리는 사람들이 여기저기 출몰한다. 과거 운동권이던 사람들이 뉴라이트로 탈바꿈해 이곳저곳에 끼어서 과거와 비슷한 방식으로 활동하고 있다. 사회가 보수화되는 만큼 과거 운동의 방식으로 활동하는 이들이 힘을 갖는 건 당연한 일이라고 볼 수 있다(어버이연합의 등장과 그 운동방식이 그다지 놀랍지 않은 것도 이 때문이다). 그들은 과거의 운동경험을 활용해 비슷한 방식으로 정부를 압박하고 다른 시민단체들도 위협한다.

예전에는 시민운동을 하는 사람들만 시민단체를 만드는 줄 알았는데, 비영리민간단체등록법이 만들어지고 난 뒤 운동과 무관한 단체들도 많이 만들어졌다. 너도 시민단체, 나도 시민단체라면 그 대표성이 사라질 수밖에 없다. 또한 공적인 서비스를 제공하는 비영리단체들은 정부를 감시하고 비판하는 시민단체의 역할보다 시민들의 생활 개선에 초점을 맞췄다. 권력을 감시하고 비판하는 구조적인 개혁보다 일상의 작은 변화를 외치는 것이 시민들의 호응을 더 많이 얻었다. 그렇게 비영리(NPO) 영역은 성장했지만 비정부(NGO) 영역은 개인화된 참여나 온라인 공론장의 활성화에 밀려 위축되었다. 시민들의 관심이 줄어든 만큼 줄어든 재정은 시민단체가 외부의 사업으로 재정을 보충하는 데 익숙해지도록 했다. 그러다보니 단체의 수는 늘었지만 운동의 힘은 서서히 약해져왔다.

시민운동에 대한 비판이 시민단체나 시민운동의 무의미함을 이야기하는 것은 아니다. 정치나 경제, 문화 모두가 기득권에게 독점된 상황, 또는 국가기관이 마음대로 사람을 연행하고 폭행하는 폭력에 노출된 상황에서는 평범한 시민들이 자기 소신껏 활동하기 어렵다. 시민운동은 억압적인 사회에 균열을 내고 그 틈을 벌려 시민들이 움직일 공간을 만드는 역할을 맡았다. 그런 의미에서 시민단체는 지금도 여전히 중요하고 필요하다.

따라서 시민운동의 터전인 시민사회가 강해져야 하고, 시민운동과 시민의 관계가 다져져야 한다. 시민사회란 단순히 특정 시기, 어떤 형태의 사회를 가리키는 말이 아니다. 자율적인 시민들이 촘촘하게 관계를 맺고 서로의 삶에 관심을 가지며 참여하고 연대하는 사회가 시민사회다. 이렇게 보면 한국 현실은 시민사회의 붕괴라고 볼 수 있다. 신분피라미드에서 자율적인 시민은 이미 기득권을 가진 사람들밖에 없고, 자율성을 행사할 시간과 공간을 확보하지 못한 아래층으로 갈수록 서로의 삶에 관심을 가질 여유가 없기 때문이다.

그런 의미에서 시민운동의 어려움은 근본적으로 성찰하지 않는 기존 운동의 무능력도 있지만 사회 자체가 해체되고 있어서 생기는 문제이기도 하다. 한국의 시민단체들이 곧잘 자신의 이름으로 사용하는 '연대'라는 말이 무색할 만큼 우리 삶은 분열되고 권력의 힘에 좌지우지되고 있다. 당장 먹고 생활할 일터가 사라지고, 참여하고 함께 즐길 삶터가 파괴되고 있다. 반면에 소통과 공감은 매우 어려운 시대가 되었다. 언어가 달라지고 감수성이 변했다. 사실 '변했다'는 말로는 충분히 설명되지 않을 만큼 우리 사회는 분열되고 그 관계는 파괴되었다.

능력주의, 전문가주의와 결별하기

이 상황을 풀어갈 모범답안은 아마 없을 것이다. 복잡하게 실이 얽혀버린 뜨개는 다시 풀어서 새로 뜨는 것 외에 딱히 방법이 없다. 지금 우리가 서 있는 곳도 그런 것 같다. 이제는 정말 관점의 전환이 필요하다. 초심으로 돌아가자는 뻔한 말이 아니다. 우리는 왜 운동을 시작했고 누구와 어떤 삶을 꿈꾸려 하는가? 시민단체 없이 활동하는 시민들과 어떻게 새로이 관계를 맺으며 시민사회를 재구성할 것인가? 우리의 목소리를 높이고 우리가 스스로 결정하면서 기득권의 힘에 대항하고 다시 사회를 복원할 것인가?

시민운동 속으로도 파고든 능력주의를 어떻게 극복할 것인가? 대결과 건설, 답을 찾는 게 아니라 적절한 질문을 찾으며 다시 걸어가야 할 것이다.

그런 점에서 지금 '시민사회 리부트'가 필요하다. 리부트는 컴퓨터를 껐다가 다시 켜듯이 기존의 설정을 없애고 다시 시작하는 것을 뜻한다. 이것이 대결과 건설, 파괴와 창조다. 결별해야 할 것에서 가장 중요한 것이 바로 능력주의에서 비롯된 신분피라미드라고 생각한다. 능력주의와 전문가주의가 연결되어 있고, 신분피라미드가 조직구조와 연결되어 있다. 그러니 시민운동의 전문가주의와 단절하고 조직구조를 혁신해야 한다.

2019년 5월 16일에 열린 서울NPO지원센터와 사단법인 시민이 공동 개최한 포럼 '시민사회 지형의 변화: 단체 중심의 시민사회는 무엇으로부터 도전받는가?'에서도 전문가주의와 엘리트주의에 대한 비판이 터져나왔다. 김병권은 "일반 시민회원들을 대신해서 사회적 이슈에 대해서 전문가들이 발언을 해주고, 시민들은 그저 회비나 내고 박수나 쳐주는 구조로 '나쁜 역할분담'이 되는 경우"라고 본다. "전문가주의에 대해 문제제기를 하는 것은 시민사회의 존재 이유이자 장점, 시민사회가 성장하고 활동하는 에너지는 전문성이 아니라 '다수 시민의 목소리와 지혜, 의지'이기 때문이다. 그 많고 다양하며, 절박한 목소리들을 가능한 넓게 담아내려는 노력을 하는 것이 시민사회가 아닐까 싶고, 이를 조직화로 연결시켜야 행정—기업—과 시민사회의 세력관계의 균형을 만들어낼 수 있기 때문이다."

전문가주의와 결별한다는 것이 전문가의 필요성을 부정하는 것은 아니다. 과거 정당이 발달하지 않았을 때에는 시민단체가 준정당의 역할을 맡았고, 전문가들은 자신의 정치성향과 상관없이 시민단체를 통해 정책을 관철시키려 했다. 교수를 비롯한 전문가들은 이미 행정의 거버넌스 구조에 많이 편입되어 있어서 사회적으로 큰 영향력을 행사하는 데 비해 정치적인 책임을 지려하지 않는다. 실제로는 끊임없이 정치적인 판단을 하고 있으면서 그것을 드러내지 않는다. 이제는 전문가들도 정치성향을 분명히 밝히고 정당을 통해 정책대안을 실현하는 것이 옳다. '정치적 중립성'의 가면을 쓰고 책임을 회피하려는 전문가주의는 사라져야 한다.

또한 학위를 가진 사람만이 전문가는 아니다. 과거에는 활동가들이 정책대안을 만드는 과정에서 전문가들의 도움을 필요로 했을지 모르지만 지금은 오래된 연차의 활동가들이 이미 전문가 이상의 경험을 쌓았다. 지금 한국 사회의 문제를 해결하는 데는 이런 경험치가 매우 중요하다. 이런 경험과 지식을 가진 활동가들은 새로 활동에 입문하는 활동가들과 그것을 적극 공유해야 한다.

김병권은 "옛날식의 시민단체를 재건하는 것이 급한 것이 아닐지도 모른다"며 "단지 시민사회단체 회원 확대나 영향력 확대를 어떻게 이룰 것인가 하는 차원을 넘어서, 시민들의 삶의 전체적 반경 가운데에서 시민사회 영역을 어떻게 제대로 확보함으로써 그 영역 안에서 시민들의 삶을 풍성하게 만들어줄 것인지를"
고민해야 한다고 주장한다. 똑같은 고민은 아니겠지만 비슷한
맥락이라고 본다. 동일한 내부구조를 가진 시민단체를 계속 복
제하는 것보다는 실제로 활동할 수 있는 연결망을 강화하는 것이
필요하다고 본다.

누가 이런 문제에 관심을 가질까? 다들 자기 살기 바쁜데. 하
지만 경제민주화운동 없이 좋은 일자리가 늘어날 수 있을까? 뭐
라도 하지 않으면 현실은 더 나빠질 것이기에, 자신의 지위를 지
키는 데 관심이 많은 중산층보다는 신분피라미드 하층의 사람들
이 실제 자기 생활을 개선할 수 있어야 한다. 쓸모없는 위원회들
을 늘리는 것보다는 공공성을 강화할 수 있는 예산을 비롯한 사
회자원을 놓고 그것을 효과적으로 사용할 방법을 고민하는 것이
더 중요하다. 그리고 신분피라미드를 유지시키는 공간과 시간의
서열을 무너뜨리도록 여러 가지 관행을 바꾸는 것이 필요하다.
한꺼번에 바꾸려 하면 불가능하겠지만 일단 자신의 삶이 걸린 문
제부터 하나씩 바꿔나가면 어떨까?

다양한 경로 만들기

이 포럼에 참석한 장하나는 "엘리트주의가 한국 사회를 좀먹고
있다. 민주사회와 인권사회의 걸림돌이다. 시민사회가 시민을

계몽의 대상으로 보는 순간 위계가 발생한다. 시민은 그걸 느낀다. 계몽이 아니라 설득이 되어야 하고 대화를 요청해야만 한다. 사람들은 생각이 없지 않다. 행동하지 못할 뿐이다. 먹고 사느라 바쁘기도 하거니와 행동할 기회와 참여할 공간이 없기 때문이다. 광장에 나온 수백만의 촛불이 어디서 왔는지 그리고 어디로 갔는지 다들 궁금하지 않은가? 광장에 나오고 싶어도 나오지 못한 사람들의 수를 상상하면 정말 많은 사람들이 어디엔가 있다. 우리는 그들에게 회원가입(후원)만을 바라거나 그들에게 지식을 전달하려(가르치려) 하지는 않았는지 각자 마음속으로 돌아볼 일이다"라고 했다. 그러면서 "'정치하는엄마들'은 뭘 배우러 오는 곳이 아니라, 말하러 오는 곳이다. 우리는 처음부터 그랬고, 그래서 무급 활동가가 많아질 수 있었다"고 말한다.

많은 사람들이 비슷한 의문을 품고 있을 것이다. 수백만의 촛불시민이 모여 대통령도 탄핵시킬 정도로 역동적인 사회가 한국인데, 왜 기득권층을 없애거나 신분피라미드를 무너뜨리지 못할까? 정치나 운동이나 능력 있는 사람들이 해야 한다는 바로 그 생각이 결정적인 순간에 항상 멈칫거리게 한다.

장하나의 다음 발언이 아주 인상적이어서 조금 길지만 그대로 인용한다.

'정치하는엄마들'은 기자회견할 때 대표들만 발언한다거나 각계 인사를 초청해서 발언을 듣는다거나 하지 않는다. '정치하는엄마들'

취재요청서를 보면 '발언1 김신애 활동가(5세, 7세 양육자), 발언2 강미정 활동가(3세, 7세 활동가), 발언3 김정덕 활동가(6세 양육자)' 이런 식이다. 이 김정덕 활동가는 공동대표인데 그걸 우리가 먼저 표시하는 일은 거의 없다. 대표엄마 같은 건 없기 때문이다. 모든 엄마들의 발언은 다 다르고 힘이 있다. 초창기에는 기자회견장에 아이들이 함께 서니까 언론들이 올 수밖에 없었다. '정치하는엄마들'이라는 이상한 이름도 한몫을 했을 것이다. 하지만 기자들이 1년이고 2년이고 아이들 사진 찍으러 오진 않는다. 이상한 이름도 자주 들으면 익숙해진다. 그러나 '정치하는엄마들' 기자회견장에는 거의 매번 엄마들보다 기자들이 많다. 한 번 왔던 기자들은 안다. '정치하는엄마들' 기자회견에 오면 예상을 넘는 발언들을 들을 수 있다는 것을. 그리고 나는 지난 2년 동안 한 번 정도를 제외하고는 한 번도 발언을 한 적이 없다. 앰프 들고 가서 사회만 보았다. '정치하는엄마들'에는 토론회 참여나 인터뷰 요청, 기고 요청이 많다. 처음에는 (내가 공동대표일 때) 공동대표님이 와주시면 안 되냐고 묻는 기관들이 많았다. 나는 그럴 거면 '정치하는엄마들'은 참석 않겠다고 일축한다. 나보다 더 잘할 엄마들이 많다는 걸 나는 확신하지만, 그들은 아무 엄마(검증 안 된)나 와서 이야기하는 걸 부담스러워한다. 엄마들이 무지해서 토론회의 격을 떨어뜨릴까봐 그런 것일까? 또는 내가 전직 국회의원이니까 다른 토론자들과 급을 맞추고 싶어서일까? 뭐든지 간에 전혀 납득할 수 없는 이유들이고, 정부 부처나 국회 토론회에 가서 발언했다고 세상이 바뀌는 것도 아니기에 우리의 방침은 한결같았다. 그러나 내가 아닌 다른 활동가들이 하는 말을 한 번 들으면 다음에는 나한테 연락하지도 않는다. 그에게 바로 연락한다. 우리 중에는 그런 활동가가 많다.

특별한 사람들의 활동이 아니라 다양한 시민들의 활동이 될 때 시민사회의 역량은 더 강해질 것이다. 그렇다면 중요한 건 당사자들이 직접 나설 수 있도록 다양한 경로를 만드는 것이다. 다만 '정치하는엄마들'이 있기에 저런 활동이 가능하다는 점도 무시되어서는 안 된다.

이런 활동이 가능하려면 그에 맞는 조직문화도 필요하다. '정치하는엄마들'은 구성원 사이에 수평적 소통이 가능한 조직문화를 만들고 있다. "우리는 서로를 언니라고 부르고 서로에게 높임말을 쓴다. 그러면 그 사람의 직업, 나이, 학위 등 불필요한 위계 발생 요소들이 지워진다. 그래서 말하는데 내면의 장벽, 외부의 장애가 사라지고 점점 스스로의 발언권을 키우고 그래서 우리의 토론이 제대로 된다. 민주주의는 관계의 문제다. 모든 인간은 평등하다고 주장하는 단체들이 많은데, 그 단체에 속한 사람들이 평등한 관계가 아닌 경우를 너무 많이 보아왔다." 능력주의의 사회적 자본과 문화적 자본이 효과를 발휘할 수 없도록 만드는 일은 가부장주의와 나이주의 그리고 학벌이 판을 치는 한국 사회에서 매우 중요하다.

시민사회 리부트는 단순히 시민단체에 참여하는 시민들의 수가 늘어나는 것을 뜻하지 않는다. 이것은 시민단체의 조직문화가 바뀌고 활동방식이 변화하는 것을 의미한다. 그러기 위해서는 기존의 시민운동이 의존해온 전문성과 능력주의에서 벗어나야 한다.

3   시민운동을 위협하는
   기업화와 권력화

2016년 1월 19일 〈한겨레〉에는 "환경재단 후원금의 불편한 진실"
이란 기사가 실렸다. 기자는 2014년 환경재단 재무제표에 대한
감사보고서를 인용해 환경재단이 기업과 공공기관 등에서 47억
5400여만 원의 후원금을 받아 33억 9200여만 원을 각종 사업비
로 썼다고 보도한다. 단일 사업으로 가장 많은 돈을 쓴 것이 피스
앤그린보트 사업이었고, 다음이 서울환경영화제였다. 반면에 국
내 엔지오 지원사업으로 집행된 돈은 6400여만 원에 불과했다.
환경재단이 환경단체들의 허브 역할을 하지 않고 자기 사업에 몰
두했으며, 그런 사업에 쓴 후원금도 기업이나 공공기관처럼 감
시의 대상이 될 수도 있는 단체의 돈이었다는 지적이다.

　환경재단의 2019년도 감사보고서를 보면, 기업에서 받은 후
원금의 세부내역은 적혀 있지 않다. 하지만 보고기간 종료일에
재단이 보유한 사용용도가 특정된 현금 및 현금성 자산 내역을

보면 SK E&S, LG화학, 삼성그룹, 국민은행, 두산그룹이 후원금을 기부했음을 알 수 있다. SK E&S는 발전사업을 하는 곳이고, LG화학은 화학물질과 제품을 생산하는 곳이다. 삼성그룹과 두산그룹은 다른 문제도 있지만 핵발전소를 건설하는 계열사를 둔 곳이기도 하다. 이런 기업으로부터 계속 후원금을 받는 것을 보면 앞서의 문제제기가 환경재단에 그다지 영향을 미치지 못했음을 알 수 있다.

모금이 운동을 압도하는 상황

2015년 1월 20일 〈경향신문〉에는 "NGO 회원 모집에 마케팅업체 동원"이란 기사가 실렸다. 유엔난민기구, 국경없는의사회, 앰네스티, 옥스팜, 그린피스 등의 국제 NGO의 한국 본부들이 영국계 세일즈마케팅 업체의 한국법인과 대행계약을 맺고 거리에서 후원회원을 모집한다는 기사였다. 심지어 회원모집 실적이 좋으면 팀장이 추가수당을 받는 다단계 방식까지 활용되었다고 기사는 보도한다. 〈경향신문〉은 2016년 8월 6일 후속보도인 "한국진출 국제 비영리단체들은 왜 '거리회원모집'에 올인할까"라는 기사에서 국제 NGO들이 한국 모금시장에 전략적으로 투자하고 있다고 분석한다. 문제는 이렇게 거리모금이 일반화되면서 국내 이슈가 뒤로 밀릴 뿐 아니라 모금이 운동을 압도하는 상황이 벌어진다는 점이다. 운동을 하기 위해 모금이 필요한데, 모금이 중요시되면서 대중의 관심을 끌지 못하는 이슈는 사라지고 대행업체나 용역비로 돈이 흘러갈 수도 있다.

피터 도베르뉴(Peter Dauvergne)와 제네비브 르바론(Genevieve LeBaron)은 《저항 주식회사》(Protest Inc., 동녘)에서 운동이 기업의 원리와 방식을 받아들이고 기업형 모금활동에 집중하며 운동을 브랜드화하는 현상을 비판한다. 우리 단체에 후원하세요, 그러면 세상을 구할 수 있어요. 착한 소비를 많이 할수록 세상이 나아져요. 이런 식의 메시지는 세상을 조금 바꿀 수는 있지만 구조적인 모순은 방치한다. 저자들은 돈에 파묻힌 운동을 기업, 정부, 로비단체, 자선단체, 비정구기구로 구성된 '비영리산업복합체'라고 비판한다.

이런 복합체는 운동의 방향을 왜곡한다. 도베르뉴와 르바론은 "대기업과의 협력관계나 유명인사의 모금활동, 레드 같은 로고는 의미 있는 사회적 기여를 하기보다는 소비를 부추기는 효과가 더 크다"고 본다. 더 열심히, 더 많이 소비하는 것이 과연 생태계를 지키고 기후위기를 막을 수 있을까? 세계자연기금이 코카콜라의 기부를 받아 진행하는 북극곰을 멸종위기에서 구하자는 캠페인은 정말 북극이 녹아내리지 않도록 만들었을까? 도베르뉴와 르바론은 "우리가 분명히 알고 있는 것은 북극곰을 '후원하고' 세계자연기금과 '협력관계'를 맺은 덕분에 코카콜라는 사회적으로나 환경적으로 믿음직하다는 이미지를 갖게 되었다는 점이다. 그리고 이는 이미 세계에서 알루미늄과 사탕수수를 가장 많이 매입하는 기업이자 세계에서 유리를 두 번째로 많이 매입하고 시트러스를 세 번째로 많이 매입하며, 커피를 다섯 번째로 많이 매입하는 기업에 대한 비판을 희석하는 데 중요한 역할을 할 수 있다"고 비판한다.

대부분의 사람들은 관심조차 가지지 않는 문제에 맞서 열심히 싸우는 시민단체들이 부당한 비난을 받는 것일까? 그러나 손쉬운 면죄부는 구조적 악을 허용하는 창구가 된다. 조그만 선행에는 사회의 관심이 쏟아지지만 삼성그룹의 불법회계나 불법승계 과정에 대해서는 입을 닫는다. 너무 거대한 악이라서 그런 것도 있겠지만 내가 싸워야 할 문제가 아니라고 생각하는 탓이다. 그러면서 나는 지구를 구하기 위해 플라스틱을 줄이고 있다고 위안한다.

운동의 기업화는 단순히 기업이 시민단체의 사업을 후원하는 것만을 뜻하지 않는다. 운동이 일종의 마케팅이나 캠페인으로 바뀌는 것도 기업화의 영향이다. 그리고 이런 방향전환에는 셀럽문화의 영향도 있다. 운동은 유명한 배우나 가수, 운동선수를 메시지 전달자로 내세우며 그들을 따뜻하고 사회의식 있는 사람으로 만드는 반면 대상을 수동적인 희생자로 만든다. 대상이 불쌍할수록, 메시지 전달자가 유명할수록 마케팅은 성공할 수 있다. 그러니 전달자가 받아들일 수 있을 정도의 메시지, 더욱더 자극적인 희생자가 필요하다.

유명한 인물과 연결되는 과정에는 연고가 필요하고 사회적 자본이 영향력을 발휘한다. 운동의 성과가 개인에게 집중되고 개인이 운동을 대변하는 방식이 효과적이라고 생각해온 탓이다. 능력 있는 개인이 주도하고 그에게 초점이 맞춰지는 것은 오래된 사회운동의 관행이었다. 능력 있는 셀럽과 연결되거나 내가 직접 셀럽이 되면 세상도 바꿀 수 있고 좋은 일도 많이 할 수 있다는 식이다. 하지만 이제는 그런 관행이 질문을 받고 있다.

도베르뉴와 르바론은 이렇게 조언한다. "바라건대 이 책이 운동의 기업화 경향에 경종을 울려 운동가들 내에서 논의를 촉발시키고, 풀뿌리운동을 옭아매는 공공정책들을 재평가할 기회를 마련하는 데 일조했으면 한다. 지금의 성과는 운동 조직들이 전 지구적 자본주의를 변혁하는 것이 아니라 거기에 순응함으로써 이루어진 것이다. 그리고 그 결과로 등장한 타협과 실용주의는 기업과 경제의 안녕을 가장 중시하는 세계질서를 정당화하고 있다."

정계로 간 활동가들

시민운동의 기업화와 함께 불거진 또 다른 문제는 시민운동의 권력화다. 2013년 1월 15일자 〈주간경향〉은 "정계로 간 활동가들, 고민하는 시민단체"란 기사를 실었다. 참여연대 출신의 박원순을 비롯한 여러 시민운동가들이 정치권에 결합하는 현상을 분석하는 기사였다. 이 기사에서 언급된 사람은 박원순 외에도 김기식, 이학영, 최민희, 박원석, 김제남, 진선미, 송호창, 김민영 등이었다. 시민운동의 한계를 넘어서기 위해 정치에 결합했다고 하지만 이런 결합이 단체의 조직적인 결정에 따른 것이었는지는 의문이다.

이 기사는 "안철수 현상, 나꼼수 열풍 등 시민정치 현상으로 볼 수 있는 일들이 많이 일어났지만, 오히려 시민단체의 역할은 축소된 상황에서 정계 진출만 늘어났다"고 지적한다. 핵심인물들이 정계로 빠져나가고 시민단체에 대한 신뢰도가 떨어지는 상황은 시민단체에게 어려운 과제를 던져준다.

시민운동은 이 과제를 어떻게 풀고 있을까? 사실상 이 과제는 시민운동 내에서 제대로 논의조차 되지 않았다. 시민단체 활동가가 정치에 참여하지 말아야 한다는 법은 없고 그럴 이유도 없다. 문제는 그 활동가나 임원이 쌓아온 경력이나 전문성은 소속 단체와 무관하지 않고 직접 권력을 행사하는 것은 권력을 감시·비판하는 시민단체의 정체성과 충돌할 수 있다는 점이다. 그러니 정치참여는 가능/불가능의 이분법이 아니라 많은 논의와 다양한 경로를 발굴함으로써 이루어져야 한다. 그러나 그런 논의나 노력이 거의 없었다.

이런 상황이 계속되자 보수언론들은 "시민단체, 법·경제·환경 고위직 휩쓸다"(《조선일보》 2017년 6월 13일자), "'정권에 붙어 해먹고 있다' 권력집단 된 NGO 네트워크"(《신동아》, 2020년 6월 19일자)

같은 날 선 기사들을 뱉어내고 있다. 〈한국일보〉 2020년 6월 30일 자도 "시민단체 '정치권력 비판' 칼 내팽개치고… 정치권 진입 수단으로"라는 기사를 싣고, 청와대와 행정부, 국회에 시민단체 출신이 대거 진출한 현실을 지적한다. "시민단체가 정치권력 비판이라는 본연의 기능을 상실해서 권력과 타협한다면 NGO 본연의 기능을 상실한다는 지적이 많다"는 기사는 우려로 보이지만 정계 진출 자체가 권력과의 타협은 아니다. 정치는 관직을 얻는 것으로 끝나는 게 아니라 그 이후부터가 진짜 정치이기 때문이다. 문제는 정치인이 된 뒤 소속단체와 긍정적인 관계를 보여준 이가 적고, 정당과 시민단체의 관계가 모호해졌다는 점이다. 그런 점에서 앞서 말한 관계정리가 필요하다.

형식적인 거버넌스에서 시민의 시민운동으로

직접 정치에 참여하는 경우 외에도 '거버넌스'라는 명목으로 시민단체들은 중앙/지방정부의 각종 위원회에 참여하고 있다. 민관협력을 강조하는 거버넌스 개념의 출현은 정부와 시민단체의 관계변화를 의미하는 듯했다. 조금씩 시민참여의 통로가 열린 것은 시민운동의 활성화에 기여하기도 했지만, 이런 과정은 정부가 시민운동의 자원(사람, 노하우 등)을 흡수하거나 정부의 정책결정을 정당화하는 수단으로 활용되기도 했다. 특히 국가/시장/

시민사회라는 삼각구도의 해체과정에서 거버넌스는 시민사회만이 아니라 시장에도 많은 기회를 제공하고 있다. 비정규직과 실업, 각종 사회적 안전망이 부재한 상황에서, 그리고 사회정의나 환경정의가 부재한 상황에서 시민운동이 국가와 시장을 상대로 제 몫을 하지 못하고 있다는 비판도 많다. 위원회의 자리만 채우고 위원들의 수가 부족해서 중요한 사업을 진행하거나 막지 못했다는 식으로 핑계만 댄다는 것이다. 이 역시 시민운동이 스스로의 정체성과 역량을 갉아먹는 방식이다.

특히 거버넌스는 이해당사자들만이 아니라 전문가의 참여를 보장하는데, 이 전문가는 누구일까? 가령 지역의 문제를 해결하는 데 있어 전문가는 누구일까? 주민들은 지역에 관해 추상적이고 보편적인 지식보다 구체적이고 경험적인 지식을 소유하고 있다. 이런 지식은 적어도 지역의 문제를 풀어가는 데 있어 전문가의 전문적인 지식만큼 중요하다. 더구나 현재 그 지역에서 살고 있고 앞으로도 살아갈 사람들은 전문가가 아니라 주민이기 때문에, 주민들의 참여는 매우 중요하다. 그런 점에서 아주 전문적인 과학기술과 관련된 사안이나 정책(예를 들면 방폐장이나 댐)이라 하더라도 반드시 주민들과 논의한 후에 결정되어야 한다. 기술의 개발은 아주 전문적일 수 있으나 그 기술의 사회적 적용은 그 사회에 사는 사람들의 삶에 많은 영향을 미치기 때문이다. 그런 점에서 시민운동이 주민들을 제대로 만나고 대변해왔는지도 점검이 필요하다. 시민단체는 알고 있는데 정작 주민들은 모르는 사안이 늘어나는 건 바람직하지 않을 뿐 아니라 위험하다.

그런데도 거버넌스는 조건 없는 선으로 받아들여지고 있다. 주민/시민을 대표/대변하는 몫으로 위원회의 자리를 맡았다면 시민사회단체들에게 중요한 것은 주민/시민들로부터 지지와 신뢰를 얻고 그들과 함께하는 과정이다(그렇지 않을 경우 시민사회단체는 시민사회 속의 한 개별 단체일 뿐 대표성을 확보하지 못한다). 그래야 '대표되지 않은 대표자'라는 한계를 극복하고 관조직과 대등하게 거버넌스에 참여할 수 있다. 거버넌스를 구성하는 과정에는 기본적으로 다양한 이해관계를 가진 당사자들이 참여해야 한다. 특정한 단체가 거버넌스를 주도하거나 관과 밀착관계를 형성하는 것은 바람직하지 않다.

그런데 과정에 대한 큰 고민 없이 결과물만 생각하고 '모범사례' 또는 '좋은 사업'이니 관이 믿고 맡겨달라는 식의 요구를 하는 시민단체들도 있다. 어떤 사업이 유행을 타면 여기저기 지방자치단체에서 혁신사례라는 이름으로 시작된다. 이런 상황에서는 시민사회의 자발성과 창조성이 살아날 수 없다.

이렇게 보면 거버넌스는 단순히 참여를 보장하는 것만이 아니라 주민들의 욕구를 충분히 듣고 해석하는 과정에서 시작되어야 한다. 마찬가지로 전문가의 역할도 주민들을 지도하거나 계몽하는 것이 아니라 주민의 욕구를 읽고 그것을 전문적인 계획으로 해석하는 것이어야 한다. 그렇지 않을 경우 거버넌스는 민주적 참여를 보장하기는커녕 기술관료와 전문가들이 결탁한 기술

관료주의(technocracy)를 정당화하는 틀이 되기 쉽다.

이런 상황에서 문재인 정부는 '시민사회발전기본법'을 제정하려 한다. 이 법은 "국가, 지방자치단체 및 시민사회의 공익증진을 위한 상호협력, 시민의 공익활동 증대 및 시민사회 발전 등에 필요한 기본적인 사항을 규정함으로써 시민참여를 통하여 사회 문제를 해결하고 삶의 질이 개선될 수 있도록 하는 것을 목적"으로 삼는다. 이 법에 따라 공익증진을 위한 시민사회발전 기본계획이 3년마다 수립되고, 국무총리실 산하에 공익증진 시민사회 발전위원회가 만들어지고, 지방자치단체에 시·도 공익증진 시민사회발전위원회와 지역 공익증진 시민사회발전지원센터가 설치된다. 이 법이 제정되면 시민운동과 시민사회가 정말 활성화될까? 이런 식으로는 시민사회의 리부트가 아니라 하드 디스크 정도만 정리할 가능성이 크다. 그런 점에서 시민사회의 위기는 진행중이다.

시민운동이 성과와 결과에 집중하면 능력주의를 피하기 어렵다. 성과와 결과가 필요 없다는 말이 아니다. 다만 그 성과와 결과란 무엇일까? 부패한 기득권과 권력을 감시하고 비판하며 시민사회를 활성화시키는 것이 시민운동의 궁극적인 목적이라면, 그 목적을 실현할 다양한 과정들에 집중해야 한다. 시민운동이 특정 의제나 법안의 관철에만 집중하면 또 다른 대의제를 만들수 있고, 이제 그 역할은 정당에 넘겨줘야 한다. 그래야 시민운동이 능력주의에서 벗어날 수 있다

나가는 말
쓸모없음을 존중하는 사회

2019년 9월 24일 정동영 민주평화당 대표와 경실련이 국세청과 행정안전부의 자료를 분석한 결과를 보면, 다주택자 상위 1%의 평균 주택보유건수는 2008년 3.5채에서 2018년 7채로 증가했다. 물량으로 보면 2008년 36만 7천 채에서, 2018년 90만 9700채로 늘어났다. 상위 10%의 평균 주택보유건수는 2008년 2.3채에서 2018년 3.5채로 늘어났다. 물량은 2008년 242만 8700채에서 2018년 450만 8천 채로 늘어났다. 전체 주택 1999만 채에서 다주택자가 보유한 주택은 700만 채로 전체의 35%를 차지한다. 상위 1%와 상위 10%의 차이도 더욱 늘어나고 있고 나머지 90%와의 차이는 말할 것도 없다.

2018년에 등록된 민간 임대주택은 136만 호로 다주택자 보유량의 19.4%에 불과하다. 정부는 임대주택 등록을 활성화하는 방법으로 집값을 잡으려 하지만 상위 1%가 그런 정책에 신경이라도 쓸까? 그들은 이미 법망 바깥에서 불편함 없이 살고 있을 텐데, 정말 효과가 있을까?

2019년 10월에 심기준 의원실이 국세청 자료를 분석한 결과를 보면, 2017년 총급여 기준으로 근로소득 상위 1%인 18만 55명의 1인당 평균소득은 2억 6417만 원이다. 2013년 2억 2268만 원보다 4149만 원 증가했다. 하위 10% 근로소득자의 평균소득은 2013년 186만 원에서 2017년 243만 원으로 57만 원 늘었다. 앞서 잉여인간이라 부른 사람들의 처참한 상황이다. 그리고 상위 10%의 통합소득은 266조 4871억 원으로 총액 721조 3616억 원의 36.9%를 차지했다. 근로소득이 부에 미치는 영향이 크지 않다는 점을 고려하더라도 격차가 더 크게 벌어지고 있다.

이런 격차는 어떻게 좁혀질 수 있을까? '20대 개새끼론'을 뒤집은 '386 개새끼론'으론 세상이 바뀌지 않는다. 솔직하게 말하면 이제 격차는 좁혀질 수 없을지 모른다. 지금의 흐름이라면 시간이 흐를수록 일자리는 더 줄어들고 격차는 더욱 벌어질 것이다. 상위 1%와 싸워봤자 가망이 없으니 상위 10% 정도를 흔들어 볼까 싶지만 이 10%는 철저히 능력주의에 단련된 계층이라 그것도 쉽지 않다. 수도권에 살며 자기 집을 소유하고 어느 정도 자기 시간을 통제할 수 있는 사람이라면 덤벼볼 만하겠지만 그런 사람들은 이미 저 10% 안에 있을 것이다. 능력주의와 승자독식문화가 결합된 한국은 약자에게 매우 가혹한 사회다.

그렇다고 '나머지 90%여 단결하라'를 외치고 싶은 생각은 없다. 그러면 또 능력 타령을 해야 하고, 능력 있는 사람이 힘을 가지고 세상을 바꾼다며 도돌이표를 찍게 될 가능성이 크다. 언젠가 도래할 평등한 세상을 기다리기보다는 지금의 평등을 위해 신분피라미드에 금이라도 내는 게 필요하지 않을까? 그것이 비록 정신승리처럼 보일지라도 말이다.

2020년 6월 1일 국토교통부가 발표한 '2019년도 주거실태조사 결과'에 따르면, 수도권의 자가보유율(자기 집을 소유한 사람)은 54.1%, 도 지역의 보유율은 71.2%, 임차가구의 월소득 대비 월임대료비율(Rent Income Ratio)은 수도권이 20%, 도 지역이 12.7%로 나타났다. 비수도권의 월소득이 적으니 월임대료 비율이 낮아봐야 무슨 소용일까 싶지만, 수도권이 300만 원 벌어 60만 원을 임대료로 지불한다면 비수도권은 200만 원 벌어 25만 4천 원을 임대료로 지불하는 셈이다. 일자리의 안정성만 보장되면 비수도권도 버텨볼 만하고, 비수도권은 자가를 보유할 확률이 수도권보다 높다. 그러니 지금 중요한 건 일자리의 수보다 일자리의 질이다. 그 질에서는 임금이 중요하지만 안정성도 중요하고, 일자리가 안정되려면 시간에 대한 권리를 확보해야 한다.

위기의 시대, 우리가 나아갈 길

어떻게 하면 좋을까? 일단은 유연적 전문화가 아니라 복합적인 단순노동이 대우를 받아야 하고, 능력이 처지는 노동으로 여겨졌던 것들이 제 몫을 받아야 한다. 그러려면 우리의 공감에서부터 격차를 줄여나가야 한다. 그리고 농민이 농사를 지어서 먹고 살 수 있는 사회를 만들어야 한다. 시간이 흐를수록 먹고 사는 문제가 중요해질 수밖에 없다. 값싼 수입농산물에 휘둘리지 않고 농산물이 제값을 받기만 해도 농촌경제는 상당 부분 회복될 것이다.

더구나 지금은 엄청난 위기가 닥쳐오는 시대이다. 2030년을 인류의 골든타임으로 잡고 있는 기후위기는 2050년까지 온실가스를 순제로 상태(배출량과 제거량이 상쇄되는 상태)로 만들 것을 요구한다. 이런 변화는 좋은 일자리를 대거 줄이고 그동안 무시했던 재활용, 재사용, 에너지 순환과 관련된 일에 많은 사람들이 종사하고 수도권 초집중을 해체해 지역의 자율성을 증가시킬 것을 요구한다. 더구나 지금은 경남과 전남, 충남에서 에너지를 생산해 수도권으로 송전하는 체계다. 한국전력공사의 2019년 "전력통계속보"를 분석한 〈연합뉴스〉 기사 "지역별 전력자립도 '천차만별'…인천 247%인데 대전 2% 불과"(2020년 4월 27일)에 따르면, 서울의 전력자립도는 3.9%, 경기도는 59.8%다. 발전량 비중은 충남이 22.0%로 제일 높고, 경북이 14.2%로 2위, 경기도가 13.1%로 3위다. 비수도권이라고 전력자립도가 무조건 높지는 않지만(대전 1.8%, 충북 6.0%, 광주 6.5%), 이제는 지역별 에너지 자급을 고민해야 할 시대다.

에너지만이 아니라 먹거리도 자급이 필요하다. 전 세계적인 농민단체인 비아캄페시나는 식량주권을 실현하려면 다음과 같은 조건들이 필요하다고 본다[《비아캄페시나: 세계화에 맞서는 소농의 힘》(*La Via Campesina*, 한티재)].

- 주로 국내시장을 위해 건강하고 양질의 문화적으로 적절한 먹을거리를 생산하는 데 우선순위를 둔다. 국민들의 자립과 식량주권을 보장하기 위하여 다양화된 농민 중심의 생산체계—생물다양성, 농지의 생산능력, 문화적 가치, 자연자원 보전을 존중하는—에 기반하여 먹을거리 생산능력을 유지하는 것이 근본적으로 중요하다.
- (남성, 여성) 농민에게 충분한 보상이 되는 가격을 제공한다. 이를 위해서는 저가 공세의 수입 농산물로부터 내수시장을 보호할 수 있는 힘이 필요하다.
- 과잉생산을 피하기 위해 내수시장에서의 생산을 규제한다.
- 생산방식의 산업화 과정을 중단하고, 지속가능한 생산에 기반한 가족농을 발전시킨다.
- 모든 직·간접적 수출보조금을 철폐한다.

이런 조건이 보장된다면 농업은 자생력을 가질 수 있고 농민은 이등국민이라는 신분에서 벗어날 것이다.

규제를 줄여야지 또 강화하냐, 자유무역과 시장경제에 맡

기자. 이렇게 반발하는 사람들에게는 지금 주변을 돌아보라고 말하고 싶다. 코로나19를 비롯한 인수공통감염병은 시간과 공간을 압축시켜 불균등 발전을 초래하던 신자유주의에 제동을 걸고 있다. 사람과 자본의 자유로운 이동을 내세우던 신자유주의는 이제 자본만 자유로운 이동의 시대를 맞이하고 있다. 실물경제보다 금융경제의 규모가 훨씬 큰 시대라 별 영향을 받지 않을 것 같지만 세계경제는 코로나19 이후 이미 큰 타격을 받고 있다. 기업이 파산하고 일자리가 줄어들었을 뿐 아니라 각국 정부들은 이미 농산물의 수출을 규제하고 있다. 위기 시에는 기본자원에 대한 통제가 중요하기 때문이다. 전염병 대유행의 시대에는 살아남기 위해 서로가 힘을 모을 수밖에 없다. 어떻게 보면 인간의 노력이 아니라 생태계의 변화가 신분피라미드를 위협하고 있다.

좀스런 저항 혹은 체제에 도전하기

지금은 기득권층이 변화를 원하든 원치 않든 변화가 불가피하고 어떤 위기가 닥쳐올지 모르는 상황이다. 어떻게 보면 위기는 기회이기도 하다. 마이클 루이스(Michael Lewis)와 팻 코너티(Pat Conaty)는 《전환의 키워드, 회복력: 위기의 시대를 살아가기 위한 12가지 이야기》(*The Resilience Imperative*, 따비)에서 '가외성'(加外性, redundancy)에 관해 이야기한다. "회복력 있는 세계에서는 반드시 '가외성(잉여)'이 포함된 통치 혹은 관리구조를 두도록 제도·기관·체제들을 구성한다." 가외성이란 위기나 혼란이 닥칠 경우 다각도에서 대응할 수 있도록 일종의 여유를 두는 상태를 말한다. 기존의 시스템이 효율성을 위해 여백을 줄였다면, 회복력을 가진 시스템은 여러 기관이 상호의존성을 가지도록 의도적으로 기능을 혼합하고 여러 기관들이 동일한 기능을 독자적으로 수행하도록 한다. 그러면 어느 한 기관이 위기에 빠져도 다른 기관이 기능을 대신할 수 있다. 루이스와 코너티는 이런 가외성을 통해 "시스템이나 체계 전반의 '유연성'과 '적응의 효과성'이 제고된다"고 주장한다. 지금은 시스템의 잉여처럼 보일지라도 위기 시에는 필요한 능력이 될 수 있고, 지금 당장은 쓸모가 없을 듯해도 그 능력이 나중에 쓸모 있어질 수 있다. 어떤 능력은 쓸모 있고 어떤 능력은 쓸모없다고 구분하는 것이 시스템의 지속가능성을 보장하지 못하는 사회로 우리는 가고 있다. 그러니 이제는 쓸모없는 것들을 존중하고 사랑해야 한다.

물론 이런 위기가 오고 기득권층이 살아남기 위해 곳간을 조금 연다고 해서 신분피라미드가 무너지는 건 아니다. 어쩌면 붕괴는 조금 다른 지점에서 올 수 있다. 원래 신분을 가장 위협하는 건 그 신분에 정면도전하는 것이 아니라 그 신분을 비웃고 무시하는 행위다. 《우리는 모두 아나키스트다》(*Two Cheers for Anarchism*, 여름언덕)라는 해괴한 책도 쓴 제임스 스콧은 "소리 소문없이 익명으로, 종종 공모의 형태로 이루어지는 법규 위반과 불순종은 공개적으로 도전하고 저항했다간 너무나 큰 위험부담을 감수해야 했던 농민과 하위계급 사람들이 전통적으로 선호해왔던 정치적 행위양식"이라고 말한다. 경찰이나 군대와 같은 공권력과 맞서 싸우는 혁명가들은 역사나 영화에서나 볼 수 있는 사람들이다. 그러니까 역사에 기록된 능력 있는 영웅이 된다. "그런 중화기에 접근할 수 없는 처지였던 농민과 하층계급 사람들은 엘리트들의 주장에 맞서서 자기네 권리를 주장하기 위해 밀렵, 좀도둑질, 무단 거주 등과 같은 방법에 의지해왔다." 이런 좀스러운 저항이 누적되어 체제에 도전하는 것이 더 이상 위험해지지 않으면 혁명이 일어난다. 그래서 스콧은 "법률 위반과 질서 교란이 민주적 정치변화에 기여했다는 역설"이 존재한다고 말한다. 우리의 권리를 확보하기 위해 저들은 지키지 않으면서 우리에게만 강요하는 법을 이제는 좀 어겨야 한다. 그것이 갈라진 나라를 다시 합치는 방법이다.

정말 그렇게 해서 세상이 변할까? 사상가 더글러스 러미스(Douglas Lummis)는 《급진 민주주의》(Radical Democracy)에서 희망은 어떤 인과관계를 통해 발현되는 게 아니라 그 자체가 원인이라고 말한다.

민중들이 공적인 행동에 참여하지 않는 것은 실패하리라는 믿음 때문이고, 그럴 때 실패할 수밖에 없다. 주관적인 믿음은 그 믿음이 '옳음'을 증명하는 객관적인 사실을 만든다. 보통 이러한 상태를 가리켜 '정치적 현실주의'라고 부른다. 공적인 희망의 상태에서는 이런 악순환이 뒤집힌다. 민중들은 공적인 행동이 성공할 수 있을 거라고 믿기 시작한다. 왜 그렇게 믿게 되었는지는 중요하지 않다 (그 믿음은 잘못된 것일 수도 있다). 하지만 많은 사람들이 희망을 공유할 때, 그 자체가 바로 희망의 근거다. 공적인 희망 자체가 희망의 근거가 된다. 많은 사람들이 희망에 부풀어서 공적인 행동에 참여할 때, 희망은 거의 근거 없는 신념(공적 절망의 상태)에서 명백한 상식으로 바뀐다. 원인과 결과의 법칙을 무시하고 무에서 유를 창조하는 듯 보이는 이 능력 때문에, 사람들은 공적인 행동을 설명하기 위해 '기적'이라는 말을 써야만 한다. 그것은 또한 때때로 운동이 예상치 못한 혁명으로 돌변해 원래의 목표를 넘어서게 되는 이유이기도 하다. 운동이 성장하며 점점 현실이 되면 처음에는 생각할 수 없었던 요구들을 하게 된다.

인류 역사를 돌이켜보면 어떤 변화는 아무것도 안 될 것 같은 조건에서 시작된 경우가 많다. 가봐야 길을 알 수 있듯이 부딪쳐 봐야 상대를 가늠할 수 있다. 지금은 좀 부대껴야 할 때다.

참고문헌

1. 단행본

국내서

강준만, 《지방은 식민지다》(개마고원, 2008).

경향신문 특별취재팀, 《민주화 20년, 지식인의 죽음》(후마니타스, 2008).

권인숙, 《대한민국은 군대다》(청년사, 2005).

김상봉, 《학벌사회》(한길사, 2004).

김현경, 《사람, 장소, 환대》(문학과지성사, 2015).

김흥주 등, 《한국의 먹거리와 농업》(따비, 2015).

박민규, 《삼미 슈퍼스타즈의 마지막 팬클럽》(한겨레신문사, 2003).

박현채, 《한국경제구조론》(일월서각, 1986).

_____, 《한국경제와 농업》(까치, 1983).

시민의신문, 《한국민간단체총람》(시민의신문, 2006).

신광영, 《한국의 계급과 불평등》(을유문화사, 2004).

오하나, 《학출》(이매진, 2010).

윤병선, 《농업과 먹거리의 정치경제학》(울력, 2015).

이영롱·명수민, 《좋은 노동은 가능한가: 청년세대의 사회적 노동》(교육공동
    체벗, 2016).

이철승, 《불평등의 세대》(문학과지성사, 2019).

이호, 《풀뿌리운동, 새로운 복원》(포도밭출판사, 2017).

조귀동, 《세습중산층사회》(생각의힘, 2020).

지주형, 《한국 신자유주의의 기원과 형성》(책세상, 2011).

한윤형·최태섭·김정근, 《열정은 어떻게 노동이 되는가》(웅진지식하우스, 2011).

역서

너새니얼 펠트, 《대한민국 무력정치사》, 박광호 역(현실문화, 2016).

데이비드 하비, 《신자유주의: 간략한 역사》, 최병두 역(한울아카데미, 2007).

리차드 세넷, 《신자유주의와 인간성의 파괴》, 조용 역(문예출판사, 2002).

마이클 루이스·팻 코너티, 《전환의 키워드, 회복력: 위기의 시대를 살아가기 위한 12가지 이야기》, 미래가치와 리질리언스 포럼 역(따비, 2015).

브루스 커밍스, 《브루스 커밍스의 한국현대사》, 김동노 외 역(창비, 2001).

스티븐 J. 맥나미·로버트 K. 밀러 주니어, 《능력주의는 허구다》, 김현정 역(사이, 2015).

아네트 아우렐리 데스마레이즈, 《비아캄페시나: 세계화에 맞서는 소농의 힘》, 박신규 등 역(한티재, 2011).

앙드레 고르, 《프롤레타리아여 안녕》, 이현웅 역(생각의나무, 2011).

앙리 르페브르, 《현대세계의 일상성》, 박정자 역(세계일보사, 1990).

이반 일리치, 《누가 나를 쓸모없게 만드는가》, 허택 역(느린걸음, 2014).

제임스 스콧, 《농민의 도덕경제》, 김춘동 역(아카넷, 2004).

_____, 《우리는 모두 아나키스트다》, 김훈 역(여름언덕, 2014).

지그문트 바우만, 《쓰레기가 되는 삶들》, 정일준 역(새물결, 2008).

캐런 메싱, 《보이지 않는 고통》, 김인아 등 역(동녘, 2017).

크레이그 램버트, 《그림자 노동의 역습》, 이현주 역(민음사, 2016).

피에르 프루동, 《소유란 무엇인가》, 이용재 역(아카넷, 2003).

피터 도베르뉴·제네비브 르바론, 《저항 주식회사》, 황성원 역(동녘, 2015).

모리오카 고지, 《고용신분사회》, 김경원 역(갈라파고스, 2017).

사토 요시유키, 《신자유주의와 권력》, 김상운 역(후마니타스, 2014).

쓰루미 슌스케, 《전향》, 최영호 역(논형, 2005).

야마시타 유스케, 《지방회생》, 변경화 등 역(이상북스, 2019).

우치다 타츠루·오카다 도시오, 《절망의 시대를 건너는 법》, 김경원 역(메멘토, 2014).

후지타 쇼조, 《전향의 사상사적 연구》, 최종길 역(논형, 2007).

영서

Douglas Lummis, *Radical Democracy*, (Cornell University Press, 1996).

2. 논문

김낙년, "한국에서의 부와 상속, 1970-2014", 〈경제사학〉, 2017.

홍승기, "신분과 평등", 한국사 시민강좌, 2000.

이종수, "지역간 임금격차에 대한 고찰: 수도권·비수도권을 중심으로", 〈노동정책연구〉, 2017.

김태완·최준영, "청년의 빈곤실태: 청년, 누가 가난한가", 〈보건복지포럼〉, 2017. 2월호.

박상필, "1990년대 이후 한국 시민사회의 발전", 〈기억과 전망〉, 2012. 겨울호.

하승창, "90년대 중앙집중형 시민운동의 한계와 변화에 관한 연구", 연세대 석사학위 논문, 2005.

3. 보고서 및 보도자료

경제개혁연구소, 〈재벌 및 대기업으로의 경제력집중과 동태적 변화분석(1987-2012)〉(경제개혁리포트 2014-02).

경제정의실천시민연합, 〈21대 국회의원 부동산 신고재산 분석결과〉(2020. 6. 4. 발표).

고용노동부, 〈공공부문 공정채용 확립 및 민간 확산 방안〉(2019. 11. 8. 발표).

교육부, 〈학교법인 연세대학교 및 연세대학교 종합감사 결과 공개〉(2020. 7. 14. 발표).

국가인권위원회, 〈결혼이주여성 체류실태 요약자료〉(2018. 6. 21. 발표).

국토교통부, 〈2019년도 주거실태조사 결과〉(2020. 6. 1. 발표).

금융감독원, 〈금융투자업계 '채용절차 모범규준' 도입과 관련한 참고사항〉 (2018. 8. 23. 발표).

_____, 〈은행권 채용비리 검사 잠정결과 및 향후 계획〉(2018. 1. 26. 발표).

기상청, 〈기후변화와 토지: 정책결정자를 위한 요약본〉(2019. 12월 발표).

기후변화정부간협의체, 〈지구온난화 1.5도 특별보고서〉(2018. 10월 발표).

더이음·서울NPO지원센터, 〈개인과 조직이 함께 성장하는 질문과 대화 워크북〉 (2018).

민주노총서비스연맹·마트산업노조, 〈마트 노동자 근골격계 질환 개선을 위한 토론회〉(2019. 6. 26).

민주노총 간담회, 〈돌봄노동자 코로나19 증언대회〉(2020. 5. 14).

민주노총·이정미의원실 공동주최, 〈파견법 20년, (공단) 노동시장은 어떻게 바뀌었나?〉(국회토론회, 2018. 12. 17).

산업통상자원부, 〈강원랜드 부정합격자 226명 전원 점수조작 확인〉(2018. 3. 19. 발표).

서울NPO지원센터·사단법인 시민, 〈시민사회 지형의 변화: 단체 중심의 시민 사회는 무엇으로부터 도전받는가?〉(2019. 5. 16).

서울역사박물관, 〈대치동 사교육 1번지〉(2018).

서울중앙지방법원 제22부 형사부, 판결 설명자료(2019. 6. 24. 발표).

심기준 의원실, 〈국세청 자료 분석결과〉(2019. 10).

이상림 등, 〈지역 인구 공동화 전망과 정책적 함의〉(한국보건사회연구원, 2018).

잡코리아, 〈시가총액 기준 상위 30대사 사업보고서 분석 결과〉(2020. 4월 발표).

정동영 민주평화당 대표와 경실련, 〈주택보유 상위 1% 개인 주택보유량 변화〉 (2019. 9. 24. 발표).

정부 관계부처 합동, 〈공공기관 채용비리 특별점검 후속조치 및 제도개선 방안〉
(2018. 1. 29. 발표).

정혁 등, 〈농업부문 개발과 구조전환을 통한 한국경제 발전〉(한국개발연구원,
2015).

통계청, 〈2017년 기준 영리법인 기업체 행정통계 잠정 결과〉(2018. 12. 6. 발표).

_____, 〈농가경제통계〉.

_____, 〈사회단체 활동정도〉.

통계청·한국은행·금융감독원, 〈2019 가계금융복지조사 결과〉(2019. 12. 17.
발표).

한국감정원, 〈공동주택실거래가격지수〉(부동산 통계 뷰어 http://www.
r-one.co.kr/rone/resis/statistics/statisticsViewer.do?menuId=
TSPIA_41100).

한국농촌경제연구원, 〈농업전망 2018〉(2018).

행정안전부, 〈2018년 지방자치단체 외국인 주민 현황〉(2019. 11).

4. 언론 기사

〈경향신문〉, "NGO회원 모집에 마케팅업체 동원"(2015. 1. 20).

_____, "한국진출 국제비영리단체들은 왜 '거리회원모집'"(2016. 8. 6).

_____, "문재인정부 파워엘리트: 정부 핵심 요직자 213명 분석"(2017. 8.
16).

〈단비뉴스〉, "지잡대 혐오사회(상) 대학 이름 밝히자 '핵인싸'가 '갑분싸'로"
(2019. 2. 28), "지잡대 혐오사회(중) 우리 학교가 '시궁창' '백수 저장소'
라니"(2019. 3. 9), "지잡대 혐오사회(하) 과잉 능력주의가 낳은 '차별
피라미드'"(2019. 3. 20),

〈미디어오늘〉, "조선일보 입사기자 2명 중 1명은 서울대 출신"(2018. 7. 2).

〈민중의소리〉, "참여연대에 노동조합이 생긴 사연 '해치지 않아요'"(2019. 1. 8).

〈법률신문〉, "최근 5년 경력법관, 김앤장·서울대 출신 가장 많아"(2019. 11. 7).

〈시사저널〉, "한국은 세습사회"(2019. 9월, 1562호).

_____, "수도권-비수도권, 두 개의 대한민국"(2020. 2월, 1581호).

〈연합뉴스〉, "지역별 전력자립도 '천차만별'…인천 247%인데 대전 2% 불과"
(2020. 4. 27).

〈주간경향〉, "정계로 간 활동가들, 고민하는 시민단체"(2013. 1. 15).

〈프레시안〉, "능력주의의 치명적 함정"(2017. 8. 16).

〈한겨레〉, "환경재단 후원금의 불편한 진실"(2016. 1. 19).

_____, "파견업체 우후죽순…'사람 장사'는 불황 없다"(2016. 3. 27).

_____, "회원들 자발적 참여 거의 없어 정체성 흔들/회비납부도 저조, 대중
보다 언론 의식 자성"(1996. 5. 13).

〈한국일보〉, "학벌의 탄생, 대치동 리포트"(2020. 1. 2).

_____, "시민단체 '정치권력 비판' 칼 내팽개치고… 정치권 진입 수단으로"
(2020. 6. 30).